中経の文庫

腹だけやせる技術

植森美緒

KADOKAWA

第3章 腹だけ絞るための極意

第4章 いますぐできる！ 究極の腹やせ

第6章 体重&体脂肪率にご用心

第7章 20代の体を再現するステップアップ

編集協力：安倍企画
本文イラスト：楢崎義信
本文デザイン／ＤＴＰ：小川卓也（木蔭屋）

はじめに

おなかはすぐに、キレイに凹《へこ》みます

「最近、おなかが出てきたな」

「腰周りにぜい肉がついてきた」

年を重ねるほど、そう実感する方は多いのではないでしょうか?

何かと厳しい現代で、運動の時間など確保できなくても仕方ありません。でもこのままだとウエストのお肉は増加する一方……。ご家族がいると「洋服の買い替えはもう勘弁して」など、チクリと言われてしまうかもしれません。


でも、心配は要りません。確かに最近、男性では肥満の人が増えているといわれていますが、私から見ればほとんどの日本人は「姿勢の悪さゆえにおなかがたるみ、そこに脂肪が溜《た》まり始めている」くらいの段階でしかありません。アメリカでよく見るような、体全体が丸々と肥大している方はほとんど見つからないのです。

つまり、おなかさえ締まれば若い頃のようにハツラツとした体型に戻りやすいのが日本人の特徴だといえます。また嬉《うれ》しいことに、おなかの脂肪は体の他の部分より落ちやすいもの。特に男性は女性よりずっと筋肉質ですから、少し脂肪を落とすだけである程度、筋肉の形が浮き出てきます。おなかだけやせることは、実は意外と簡単なのです。

では、その具体的な方法は？　簡単です。おなかを凹《へこ》ませるだけ。凹ませていない腹はたるみ、凹ませている腹は締まるのです。だから、1日に数回でも意識的に、正しく凹ませるだけで、おなかは見るみるやせていきます。

細かい話は抜きにして、まずはいまやってみましょう。座ったままでも構いません。ぐっと。キツいボトムの第1ボタンを留める感じです。そう。それが基本。

私が推奨する「植森式ダイエットドローイン（Draw-in＝引っ込める）」では、このおなかを凹ませる動きによって、

①筋肉の形状記憶効果で、腹囲がどんな運動よりも早くサイズダウンする

②続けることによっておなかの脂肪が燃える
③エネルギーを消費しやすい体になり、効率的に脂肪が燃える、つまりやせる

という段階的な効果が得られます。

カルチャースクールなど私の「おなかやせ講座」では、たった1時間で10cm以上サイズダウンする人もまったく珍しくありません。本書で覚えたダイエットドローインを普段の生活に取り入れていくことで、全体的に姿勢がよくなってスリムにもなっていくのです。

一般的にダイエットには「筋肉トレーニング」「食事制限」「有酸素運動（長時間行う全身運動）」が有効だといわれています。が、おなかだけやせるためには、おなかを凹ませるのが最も簡単かつ効果的な方法です。詳しくは本文で読んでくだされぱと思いますが、腹筋運動は苦しいわりに効率的ではありませんし、食事制限はストレスが溜まるうえにリスクが高い。また有酸素運動「だけ」では部分やせは期待できません。

私は現在身長163cm、体重46kg、ウエストは58cmです。それでも若い頃はやせたくて、悩み多きインストラクター時代を経て、健康運動指導士になりました（この経緯も後述しますね）。以来30年近く、企業や健康保険組合を健康づくりのために訪ねて、10万人以上の方々と出会ってきました。運動不足の自覚はあるけれど、忙しすぎてウォーキングの時間も取れない……そんな「普通の働く人」の現実とずっと向かい合ってきた私が、自信をもってお勧めするのが植森式ダイエットドローインです。

リバウンドという言葉があるように、がんばって一時的にスリムになっても、その運動や食事制限を続けなければ効果は維持できないもの。その点「おなかを凹ませる」だけであれば、場所と時間を選びません。だから続けやすさはピカイチ。さらに効果が出るのが早いため、モチベーションを維持するのも簡単です。

ダイエット講師として指導先を訪ねると、私は、姿勢の悪い方を一人選んで前に出てくださるようお願いします。その方には、皆さんの前で背すじを伸ばしておなかを凹ませていただきます。すると、必ずあがる驚きの声。おなかを正しく凹ますだけで見た目が5歳から10歳は若返るのです。見た目が若々しくなるだけでなく、「運動い

筋力で腹は凹む

×　　○

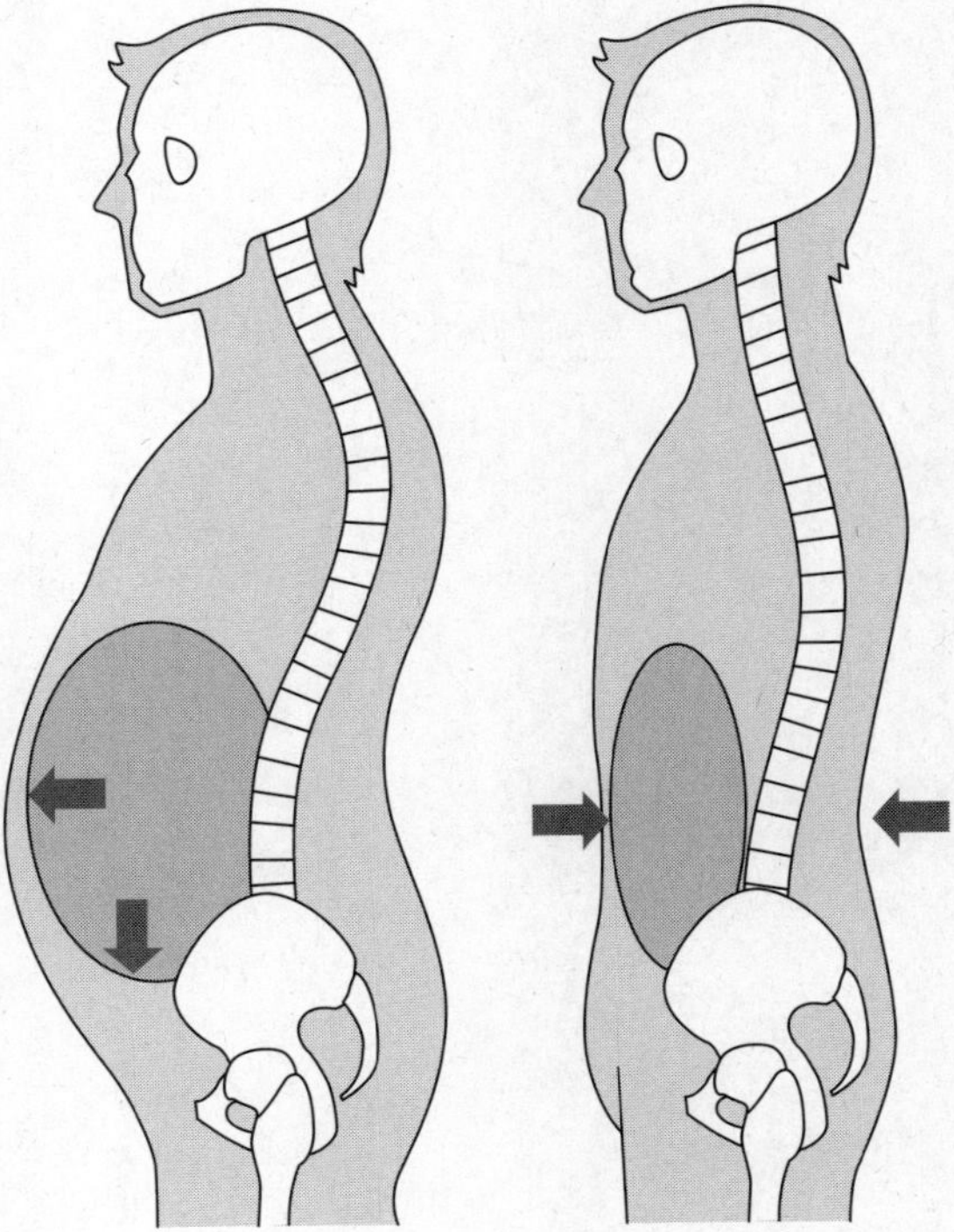

背すじが曲がっている状態だと、背中やおなか周りの筋肉がはたらかず、おなかはたるんでいきます。イメージとしては右側の人のように、背すじを伸ばして腹の筋肉を締め、おなかをぐっと絞り込んでいくわけです。

らずでおなかやせ」できるのですから、「植森式ダイエットドローイン」を試してみない手はありません。

まだ半信半疑でいらっしゃいますか？　でも、さっきぐっとおなかを引っ込めてくれたあなたのおなかは、もうやせ始めているのです！

第1章

腹だけ出るにはワケがある

◆**腹さえなんとかなればいい**

「Aさんって、脚が細いんですねー」

会社の運動会で女の子に褒《ほ》められたと私に話してくれたAさん。でも嬉《うれ》しいというより苦笑気味でした。「腹は太いのに脚は細い」と言われているような気がしたのだそうです。その女性は単に脚の細さが羨《うらや》ましくて言っただけなのでしょう。が、ついおなかと結びつけて考えてしまうのが男心。デリケートなんですね。

ダイエットに関心が高い昨今、老若男女を問わず「気になる部位」のナンバーワンはおなかです。ただ、女性の場合はおなかだけでなくお尻に太腿《ふともも》、うーん、できれば二の腕とふくらはぎも……と、あちらこちらをなんとかしたいと思っています。男性はある意味で欲がありません。それは、聞かれれば胸板だって薄いよりは厚いほうがいいけれど、と言いつつ実際は、「この腹だけなんとかなればいい」という方がとても多いようです。

実際、どこから見てもやせている男性が「僕、脱ぐとすごいんですよ、腹が」と笑って言い、それがまんざら冗談でもないことが少なくありません。冒頭のAさんのように、胴体はかなり太めであっても両手両脚が妙に細い方も多いので、男性の気になる部分は「腹」に集中しがちです。

男女の太り方の違いはホルモンや妊娠の有無などの性差によって起こると考えられますが、性別を問わずおなかには確かに脂肪がつきやすいもの。

そもそも、どうして腹ばかりが太りやすいのか。そこをひもといていくと、本書が提唱している腹やせの根拠がご理解いただけると思います。まずはなぜ腹に脂肪が多いのか、そもそも「脂肪がつくのはどんなところなのか」を考えてみましょう。

◆なぜカルビには脂が多いのか

おなかに脂肪が多いのは、人間に限ったことではありません。わかりやすいところで食肉を例にしましょう。

焼肉屋で注文する「カルビ」「ロース」「サガリ」などの名称は、そのお肉を切り出した部位からつけられています。

肉の断面に注目すると、肉によって明らかに脂肪の多い肉、少ない肉がありますよね。人気のカルビは牛・豚の胸の下部から腹に至る部分で、腹の肉、いわゆる「バラ肉」から切り出します。バラ肉には脂肪（脂質）が多いため脂っぽく、味わいもジューシーです。

チェーン展開されているお店の牛丼・豚丼に使われているのもたいていバラ肉。私は、「昼に肉食ったし」と友人が言うと、つい「それ、お肉というより脂とっているんだし」などと返してしまって嫌われることがあります。脂っぽいお肉だと、100g食べてもタンパク質は15gにも届かず、脂質が50gもあることを知っている人は意外と少ないのです。ここでつい余計なことを言ってしまう私はほとんど職業病でしょう。

職業病はともかく、脂っぽい腹の肉のカルビに比べて、背骨側のロースは脂肪が少なめ。スネ肉やモモ肉はもっと脂肪が少なく赤身の肉質です。肉にも、脂肪の多い部位と少ない部位があるわけです。

牛なら600kg前後、豚で100kg前後の体重を、彼らは主にスネや腿の筋肉で支えています。家畜ですから走り回ったりはしませんが、立っているだけで常に体重がかかり、筋肉を使い続けているのです。さらに最も脂肪が少ないヒレ肉や鳥のササミ

牛・豚の脂肪のつき方が腹やせの鍵を握る

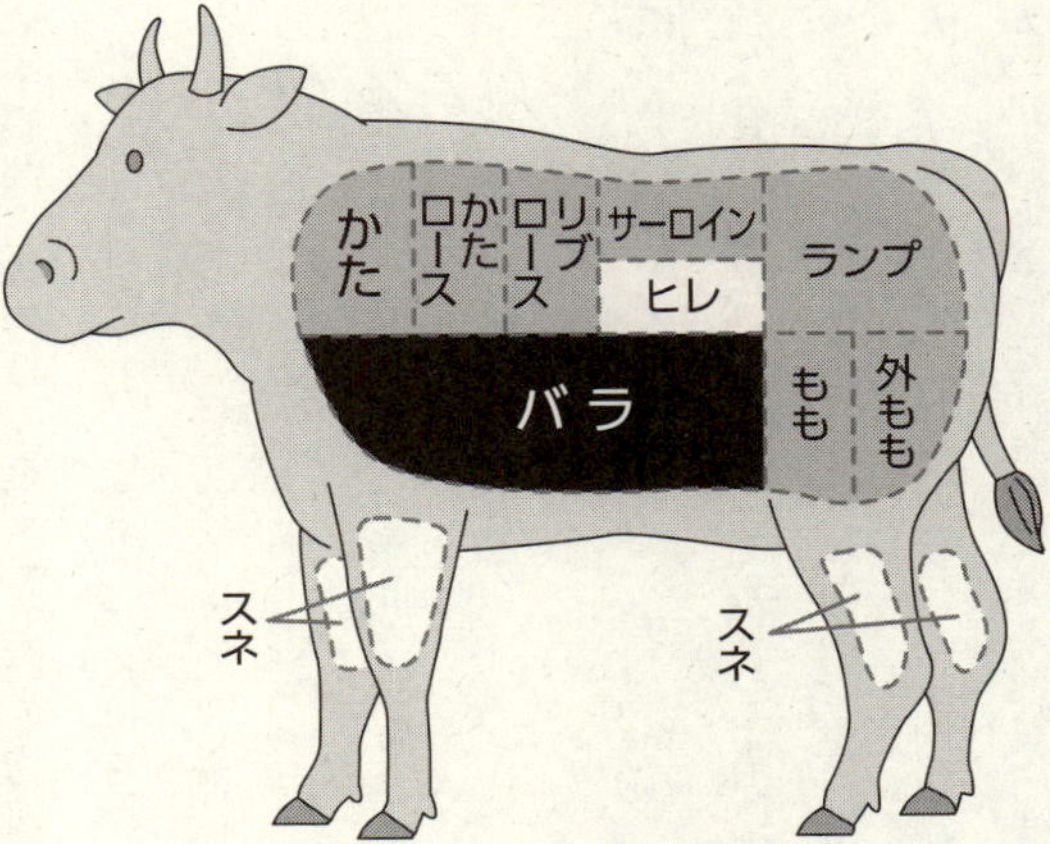

使っていない筋肉は脂肪が多く、使っている筋肉は脂肪が少なくなります。たとえばあまり使われない「バラ肉」は脂肪が多く、酷使している「ヒレ肉」の3倍ものカロリーがあります。

は、いわゆる深層筋《しんそうきん》です。人間だと脊柱起立筋《せきちゅうきりつきん》（P113）にあたり、体の内側にあって中心部で体の重みを支えている筋肉です。最近、アスリートの世界で有名な「インナーマッスル」は、これらの筋肉を指しています。

カルビに脂が多く、スネやヒレ肉には脂肪が少ない……食肉の部位ごとの違いは、そこの筋肉をどのように使っていたかが左右しているのです。もう少し一般化すると、普段から使っている筋肉には脂肪がつきにくく、使っていないところに脂肪が蓄えられやすいと考えられます。あまり使わない代表的な部位が、おなかの筋肉です。

◆腹にばかり脂肪がつく謎

人種や骨格、遺伝等によって太りやすい場所は多少異なりますが、人間の場合も脂肪がつきやすいのは圧倒的におなかです。指から太り始める、という人は基本的にいません。指先や足先、足首といった末端組織にはもともと脂肪細胞が少ないようです。脂肪がついてしまうと手作業や歩行に使う末端部分が動かしにくくなりますから、これはある意味当たり前でしょう。

「指が太って指輪が抜けなくなった」という話もよく聞きますが、これは体全体もしっかり太った結果、指が太っているのです。

ここで少し興味深いのは、男女によって指先の太り方にも差がある点。私が見る限り、太って指が太くなるのは女性です。男性は相当に太っていても、指は別人のようにほっそりしていたりします。冒頭で触れた、脚は細いのに腹が出ているという男性特有の太り方と共通していますね。

そもそも脂肪は、筋肉とは果たしている役割が違います。筋肉は体を支えたり、動かすために必要な組織ですが、脂肪は生きるうえでのエネルギー源。

その歴史のほとんどが飢餓との戦いだったヒトは、進化の過程であえて体に脂肪を蓄える機能を備えたと考えられています。溜めてもいい、溜めやすい部位に脂肪をうまく蓄積できたヒトほど生き残りやすかったのでしょう。

そう考えると指が細い男性が多いのは、闘争の歴史を送ってきたせいかもしれません。狩りをして生き抜いてきた男性にとって、末端部分は生存にかかわる器官です。手足の代わりに蓄積しやすい腹に脂肪をつけたとしたら……腹だけ太るのはオスゆえの悲劇？　そんなふうにも思えてしまいます。

特におなかを太らせることのメリットを指摘した説もあります。ヒトは二足歩行を始めることで、腹部を前面にさらけ出すようになりました。腹部には大切な臓器が収まっているのに、胸郭《きょうかく》でいう肋骨のようなプロテクターがありません。だから内臓を保護するクッションとしておなかに脂肪をつけるという説です。脂肪があるのとないのとでは、外から衝撃を受けたときのダメージは大違いですから。

やせているのにおなかにぽちゃっとお肉がついている人を実際に見ると、この説にも一理あるな、と思います。飢餓に苦しむ国の子どものおなかもぽっこりと膨らんでいます。その膨らみは脂肪ではなく、空気か水のどちらかでしょうが、とにかくおなかの中身を守ろうとしている、と考えると納得がいきます。また、近年では脂肪は単なるエネルギーの貯蔵庫ではなく、ホルモンを作り出す内分泌器官としての役割を果たしていることもわかってきているそうです。

つまり、おなかにばかり脂肪がつくのには理由があるわけです。でも、ぽっこりおなかを放置してしまうと気持ちも投げやりになり、今度は生活習慣病など、体調的な不安も生じやすくなってしまいます。

おなかに続いて日本人、特に男性の体全体に起きている問題を見ていきましょう。

◆太りゆく日本人男性

厚生労働省の「国民健康・栄養調査」に興味深いデータがあります。成人男性の肥満者（BMI25以上。BMI＝ボディ・マス・インデックス。身長と体重から割り出される体格指数）の割合は、1980年に17・8％だったのに対し、2007年には30・4％まで増加しています。また、30代の平均体重は1980年に62kgだったものが2006年には71kgに。26年のあいだに10kg近くも増えているのです。なぜ日本男性はこんなに太ったのでしょうか。

現代人の摂取エネルギーが増えた、つまり食べすぎているかというと、そうではありません。同じ調査によると07年、20歳以上の国民の平均摂取エネルギーは1日あたり1913kcalです。実は、この数値は1946年当時の調査とそれほど変わっていません。46年といえば終戦直後。食料事情がいいとはいえない時代です。

一方、1980年の平均的な摂取エネルギーは2150kcal。現代の摂取エネルギーよりも240kcalほど多いことがわかりました。つまりいまは80年代よりも摂取エネルギーが減っているのに、平均体重と肥満者が増加しているのです。ということは、消費エネルギーが減っているとしか考えられません。ここで疑われるのが、現代人の運動不足です。

◆現代人は動かない

「成人病」が実は「生活習慣病」であると認識が改まった1990年代、厚生労働省は健康のために「週に2、3回、30分歩く」ことを推奨しました。しかし当時、多くの人はこの目安を重荷に感じたのではないでしょうか。運動不足の自覚はあるものの、趣味以外で運動を習慣にするのはなかなか難しいものです。

その点、21世紀の人は意外にがんばっているようで、データによると20歳以上で「1回30分以上の運動を週2日以上実施し、1年以上継続している」男性は30%弱もいます。この数字は2003年から7年間減っていません。

日本人男性の肥満率は右肩上がり

2009年度の「国民健康・栄養調査」では30代男性の肥満率（体重〈kg〉÷身長〈m〉÷身長〈m〉で算出するBMIで25以上の数値になった人の割合）がなんと34.8%にものぼりました。３人に１人が「肥満」。その理由は……？

運動習慣のある人は減っていない一方で、消費エネルギーが減少しているのは、大きな矛盾に見えます。が、答は簡単でした。男性から運動習慣が失われた結果の「運動不足」ではなく「身体活動不足」。つまり生活のなかで体を動かさなくなっていたのです。

一昔前までは生活そのものが労働といってもいいほど、様々に体を使う必要がありました。農作業などが代表的ですが、生活のなかで自然に、また否応《いやおう》なく全身の筋肉をまんべんなく動かしていたのです。

ところが現代は文明が発達して便利になったため、私生活や働いているときに体を大きく使わなくなってしまいました。少し前であれば、買い物といえばお店に出かけていって品物を選ぶもの。しかしいまはインターネットやテレビの通販で、家にいながらなんでも買えてしまいます。それだけでも歩いたり動いたりする時間はグンと減っています。ですから運動どころか、階段ののぼりおりでさえ、痛みが出たり故障をしたりしやすくなっているのが現代人の体なのです。へたに体を動かすとむしろトラブルが起きる、だから動かない。必然的に日常で消費するカロリーは減る一方です。

日常生活で体を動かさなくなった結果、日本人は自分の体について無知になっているようにも思えます。運動不足とパソコン作業の増加によって、現代病といわれるほど蔓延《まんえん》する肩凝りと腰痛。が、多くの人が、肩凝りや腰痛の起きにくい、背すじを正しく伸ばすという姿勢をそもそも知りません。教わってすらその姿勢ができない人も、とても多いのです。だから、ダイエットのために始めたヨガで股関節を痛めてしまったりと、よかれと思って始めた運動で体を痛めてしまう人が珍しくありません。

……そう「お説教」している私自身が、実はそんな人間でした。若い頃、姿勢に気を配らず無理に運動をして、ひどく腰を痛めてしまったのです。以下は、無知ゆえに間違ったケアばかりしたおバカな例として読んでいただければと思います。が、実はこの悲惨な腰痛体験がきっかけで、私は「おなかを凹《へこ》ませる」という動きに注目することになったのでした。

◆私のダイエット遍歴

いまでこそ「健康運動指導士」という資格を取得していますが、私は運動音痴なせいで、体育の授業が大嫌い。高校受験をきっかけに太ってからダイエットを始めました。当時、私は身長163㎝、体重は55kg。決して太っているというほどではありませんが、「やせているほうがカッコいい」という時代の風潮に流されました。流行の細身のジーンズを穿《は》いてみたいと思ったのです。

しかし、そこから私の10年以上にわたるダイエット遍歴が始まってしまいました。断食《だんじき》まがいの食事制限から、流行のダイエットまですべて手を出しました。ダイエットサプリなど、通販にもいくらお金を使ったかわかりません。

ところが、ダイエットをしているのにもかかわらず、私の体重は最高で60kgを超えました。その後も3kgやせては4kg増えて、別のダイエットを試す。結局そんなことを繰り返していたわけです。

一念発起《いちねんほっき》した私は思い切って当時勤めていた会社を辞め、スポーツトレーナー養成の専門学校に入学し直しました。元来、思考回路が単純な私は、トレーナーになれば健康的にやせられると思ったのです。生まれて初めてフィットネス・ジムにも入会。専門学校を卒業して本物のトレーナーになる頃にはスリムになれるはずでした。

「食事制限」「筋トレ」「有酸素運動」という「3本柱」の組み合わせが健康的にやせるためには必須だと教わった私は、教師やトレーナーの言うことを忠実に守りました。ところが1年を過ぎて得られた結果は、体重が1～2kg減っただけ。エアロビクスにエアロバイク、ダンベルトレーニングと腹筋運動を毎日、一生懸命繰り返していたのにもかかわらず、です。

そんなとき情けないことに、慣れない運動をがんばりすぎた私はぎっくり腰で歩けなくなってしまいました。一時《いちじ》は立つことはおろか、家の中を這《は》いずる日々。「腰が痛いとはなんとつらいものか」と、生まれて初めて思い知ったのです。

その後なんとかスポーツクラブに就職し、社員として働き始めた私は、まだやせられてはいないものの、勉強する姿勢だけは人一倍だったと思います。当面の課題として、私やクラブの会員さんたちが悩まされている腰痛をなんとかできないものか、考えるようになっていました。

お医者さんは「腰痛を治すために腹筋を鍛えなさい」と二言目には言うけれど、会員さんの多くは、腹筋運動で腰痛が悪化したことがあると言いますし、自分で腹筋運動をしてみてもそんな感じがします。あるとき、整形外科の先生に思い切って疑問をぶつけてみました。

「先生、腹筋を鍛えているんですけど、やっぱり腰が痛くなります。どうしたらいいでしょう？　そもそも腰が痛いときに腹筋運動をやるのはつらいですし……」

そのときに教えてもらった運動が、あおむけになり、膝を立てた状態で、背中を床に押しつけるようにおなかを凹《へこ》ませてお尻を少し持ち上げる、というものでした。

地味な動きですが、腰椎《ようつい》の反《そ》りを和らげるためのストレッチのようなものなので、腰が少し痛いときでもでき、やっていると痛みが少し楽になります。それでも痛いときは、整形外科でもらった腰痛用のコルセットを引っ張り出して使っていました。そう、お恥ずかしい話ですが、私はこっそり腰痛用のコルセットを使いながら筋トレやエアロビクスの指導をしていたのでした。

しかしやがて「運動」の本質、つまりはダイエットの本質に気づかされる日が来ます。

「いやぁ、体調悪いし、忙しいしで、さぼってたら筋肉落ちちゃったよ」

ダイエットドローインのきっかけとなった腰痛体操

①おなかを凹ませて腰の隙間を埋めるように背中を床に押しつけます。

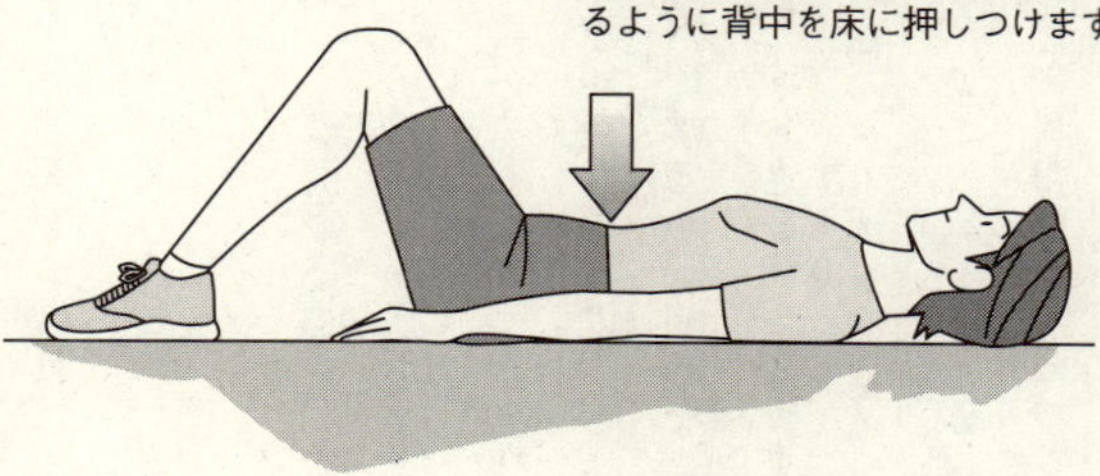

②おなかを凹ませたままお尻の穴を締め、お尻だけ浮かせて10秒程度静止します。

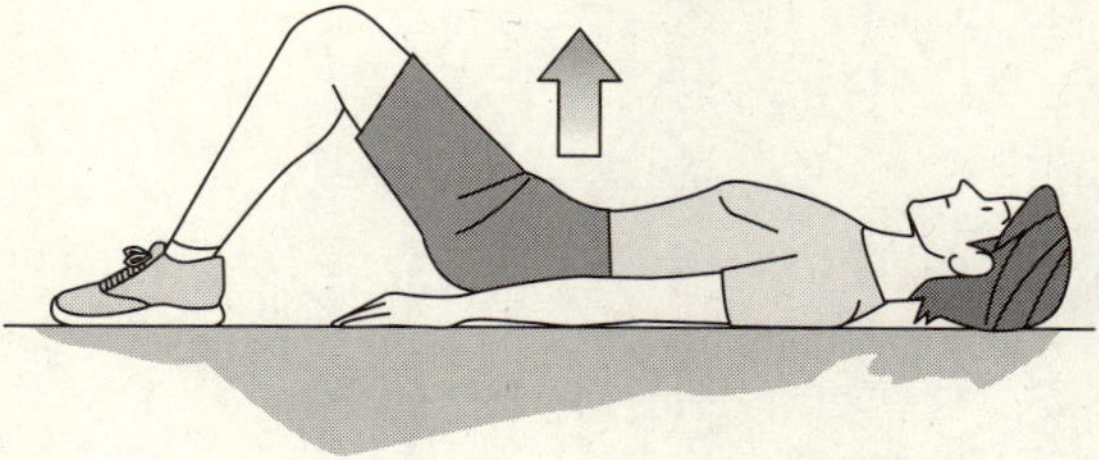

腰痛に悩んでいるとき、お医者さんに教えてもらった「骨盤傾斜体操」。ベッドなど体が沈み込む場所で行ってはいけません。どんな腰痛体操であれ、痛みをこらえてがんばったりしないよう気をつけてください。

ジムの男性会員のぼやきに、一瞬耳を疑いました。えっ、筋肉って落ちちゃうの⁉　なにしろ先輩が「筋肉をつければやせるよ」と教えてくれたから、それを信じて腰が痛くてもがんばって筋トレを続けてきたのです。筋肉が落ちてしまうなんて聞いてない！

当時の私にとっては衝撃でした。それまでまともな運動経験がなかった私は、筋肉がついてやせたらゴール、あとはなにもしなくともそのまま体型を維持できると、なんとなく信じて疑いもしなかったのです。いまなら、どんな軽い運動であっても、続けることが効果を維持する秘訣だと、私自身確信しています。しかし当時は、専門学校で習った運動生理学でも、そんなことは一言も教えてくれませんでした。筋トレもエアロビクスも、ずっと続けるなんて私には無理です。

結局、それが私のターニングポイントとなりました。「そこなの⁉」と笑われてしまうでしょうが、この一言をきっかけに、ダイエットについて抜本的に見直したのです。会員さんには教科書的な「バランスよく食べる」指導をしながら、実はスタッフの控室で「昼はバナナとヨーグルトだけ」といった食事をしていたのですが、そういうダイエットからも一切手を引きました。

それからは驚くほどにトントン拍子でした。

コルセットをつけていれば腰が楽だけれど、それじゃいつまで経っても腰痛は解決しない。そうだ、あおむけになっておなかを凹ませると腰が楽なんだから、立っているときも腰を守るためにそうしていればいいんだわ。そうしてコルセットの代わりにおなかを凹ませることを思いついたのです。これはまさしく正解でした。腰も楽になるし、一生懸命凹ませるうちにおなかがほっそりすることに気づいたのです。

腰痛用のコルセットをしながらがんばって運動する、といった矛盾から抜け出し、無理な食事制限をやめ、普段の姿勢を重視することで、私の体は大きく変わりました。食事制限、筋トレ、有酸素運動でびくともしなかった体重が、1年ちょっとで53kgから46kgまで減りました。ピーク時の体重は60kgもありましたから、そこから考えると14kg減。昔の友人に会って、とても驚かれました。

それからもう30年近くになりますが、無理な運動や食事制限と手を切ることができたおかげで、50歳のいまになってもまったくリバウンドしていません。がんばらないとダイエットできないというのは、大きな誤解。むしろ、「がんばらないとできないようなこと（運動など）」を無理にがんばろうとするからうまくいかないのです。

◆目的によって方法は違います

かつての私がそうでしたから偉そうには言えませんが、思うに多くの方は目的を定めないまま、漠然と「やせなきゃ」と思うために、いろいろな方法に手を出してはやめてしまうのではないでしょうか。

ダイエットや減量とひと言でいっても、体重を減らしたいのか、全体的にスタイルをよくしたいのか、部分的に脂肪を落としたいのか、はたまた脂肪は落ちなくても形がよくなればいいのか等々、目的によってやり方は変わってきます（また、やり方さえ間違えなければ、それぞれの成果を維持することは難しくありません）。

本書のテーマであるおなかやせも例に洩《も》れません。いまのおなかの状態によって、そして、どんなおなかを目指すかによって、どうすればいいか、どんな凹ませ方をすればいいのかは変わってきます。おなか凹ませ歴26年の私がご提案するのは、忙しい方でも無理なく「おなかやせ」できる最速・最強の解決策です。

物理的に「腹を細くする」「腹から脂肪を落とす」方法として、私が推奨する動きは一つだけ。おなかを正しく凹ませる、です。腹圧を上げ、脂肪のクッションに頼らずとも内臓を保護できるようにします。ただおなかを凹ませるだけでもやらないよりはましですが、不正確なやり方だとおなかやせ効果は期待できませんから、様々なポイントも紹介します。

よかったら、いまこの場で思い切りおなかを凹ませてみてください。どうでしょう？　一時的にであれ、出っ張ったおなかをしっかりと凹ませることができましたか？　最初のうちはウエストサイズの1割ほど凹めば優秀です。「あれー、あんまり凹まなかったな」という方はもう1回どうぞ。今度は、息が止まってしまったかもしれません。「やってみると、意外に動かないな」という方も多いでしょう。詳しくは4章で解説しますが、効果を高めるためには息を止めずに、これを正しい姿勢で行います。

これは案外難しいぞ、と思われても無理ありません。なにせ、日頃おなかを凹ませることはあまりありませんから。

女性の場合、ゴムのスカートを穿くようになるとみるみるウエストのくびれがなくなります。ボタンを留めるためにおなかを凹ませる、そんな動きを1日に1回でも2回でも行っているのと、まったくやらないのとでは大違いなのです。

納得して始めていただくためにも、次の章では、一般的に世の中で「おなかやせ」にいいと思われている方法の実際的な効果と限界などについて、具体的な凹ませ方の前に解説したいと思います。

なんでしたら、とりあえず2章・3章を飛ばしていただいても構いません。でも目的によって凹ませ方をなぜ変えるのかを理解しておくと、上達の仕方が変わってきますので、また時間のあるときに読んでみてください。

まずはおなか凹ませに挑戦！

「おなかを凹ませる」とは、具体的に腰周りのきついズボンを穿くときの要領に似ています。おなかをすぼめるように、より大きく凹ませてみましょう。

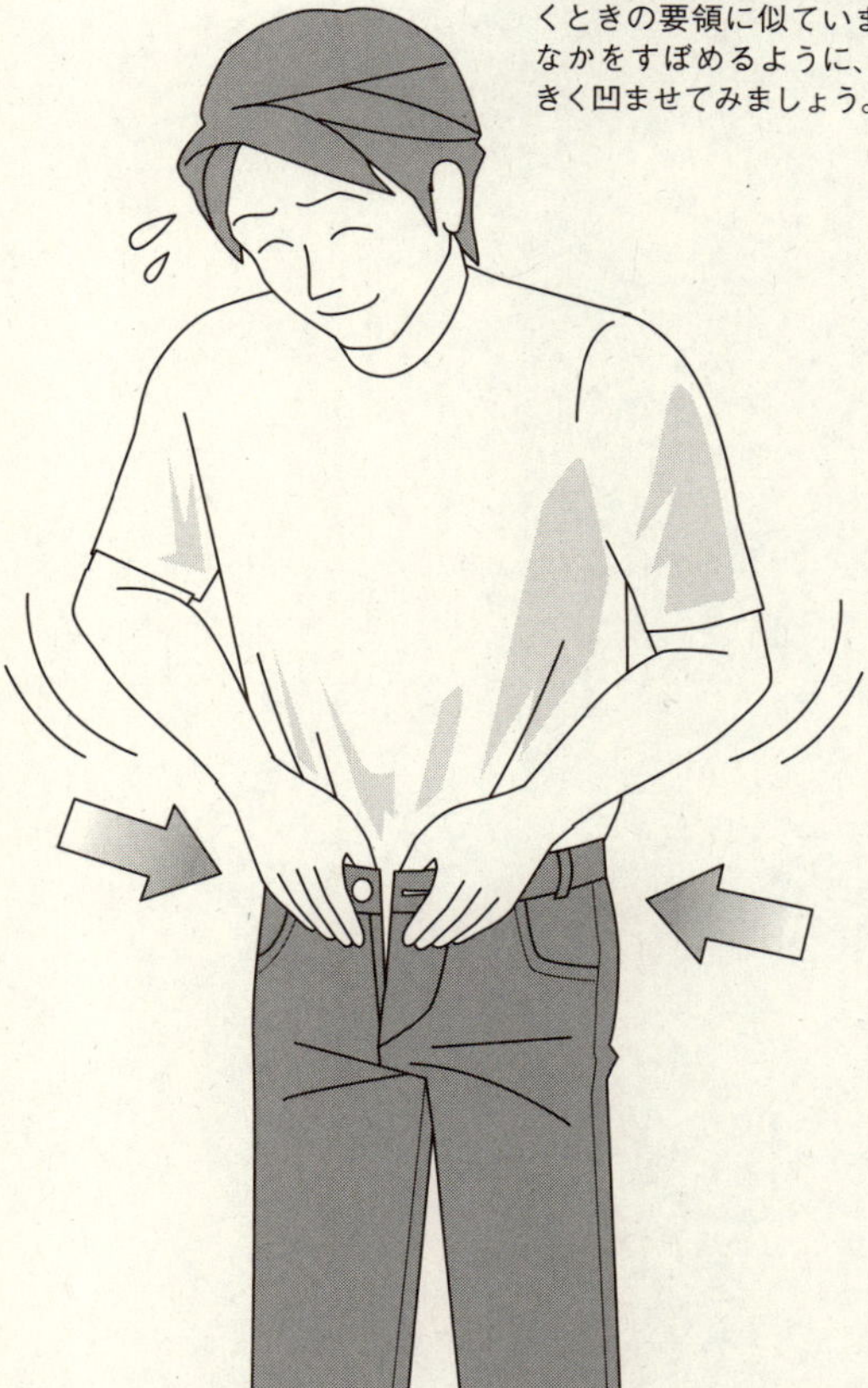

第2章

その腹やせは本当に効果的?

◆効果が出ないのは本人のせいではない

定期的な運動とバランスのいい食事。頭では「できればいいな」と誰でも思います。でも、実行するのは容易ではありませんね。少しでも健康的にと願ってスポーツジムに入会しても、幽霊会員と化して退会。流行《はや》りのダイエットＤＶＤは三日坊主。どうにか時間を作ってウォーキングを始めてみても、疲れている日はおっくうになってしまう……それが、多くの方の現実でしょう。

食べるのが好きな方に、我慢しなさいというのは酷です。食べたいならその分、体を動かすしかないのが「常識」ですから、好物を我慢するか、食べて運動に励むか。そもそも皆が皆、そこまで禁欲的にならねばいけないのでしょうか？

答はＮＯです。減量の過程そのものを趣味として楽しんでいるという方はいないはず。がんばる、がんばらないはまったく関係なく、結果の出るやり方ができるかどうか、それだけです。

それでも皆さんがなんとなく「運動もできないし」「節制した食事をしてないし」と引け目を感じてしまうのは、ダイエットに関する情報が多すぎたり、そもそも机上の空論だったりするから。高すぎる理想と厳しい現実のはざまで、立ち止まってしまうのです。

運動の指導者になってわかったことですが、この世界は指導者から研究者に至るまで、たいていが体育大学や体育系の専門学校を出ています。もともと運動が好き、または得意な人たちなので、運動を続けられない方の気持ちがわからなくても、ある意味無理はありません。また、運動と体の関係に対してすでに定説となっているような事項については、本当に効果的といえるのかまできちんと検証しない傾向も根強いと思います。ですから一般の方が運動などを「続けられない」ために「効果が出ない」場合、指導者は意志の弱さや意識の低さなど、本人の問題として片づけてしまいがちです。

でも本当にそうでしょうか？　確かにどんな運動でも続けなければ効果は維持できませんが、それ以前に、「効果が感じられなかったから、続かなかった」という方も実はかなり多いと思います。努力が徒労に終わるのは悲しいもの。その運動や食事制限が自分の目的に合っているのか、努力に見合った結果が出せるのかを判断してから取り組むことが大切なのです。

それでは一般的にダイエットにいいとされている方法を、「おなかやせ」という目的に照らして、以下で検証していきましょう。前章で少し触れたダイエットの3本柱「食事制限」「筋トレ」「有酸素運動」です。

◆食事制限の限界を知る

食事を減らすと、とりあえず手っ取り早く体重は減ります。嬉しくなってさらに食事を抑えるのも、体重が減っていくうちなら気力が続くでしょう。でも、体重が減らなくなったり、目標を達成したとたんにリバウンド、つまり元の体重かそれ以上まで急激に戻ってしまいやすいのが、食事制限によるダイエットです（このとき、何が体重を増減させているのかには注意が必要です。6章で解説していますので、のちほど確認してください）。

結論から言うと、無理な食事制限は「続かない」＝「維持できない」ため、やらないほうがましです。

食事制限の限界

①やせる部分が
選べない

②おなかの形が
なかなか変わらない

③体質が変化して
やせにくくなる

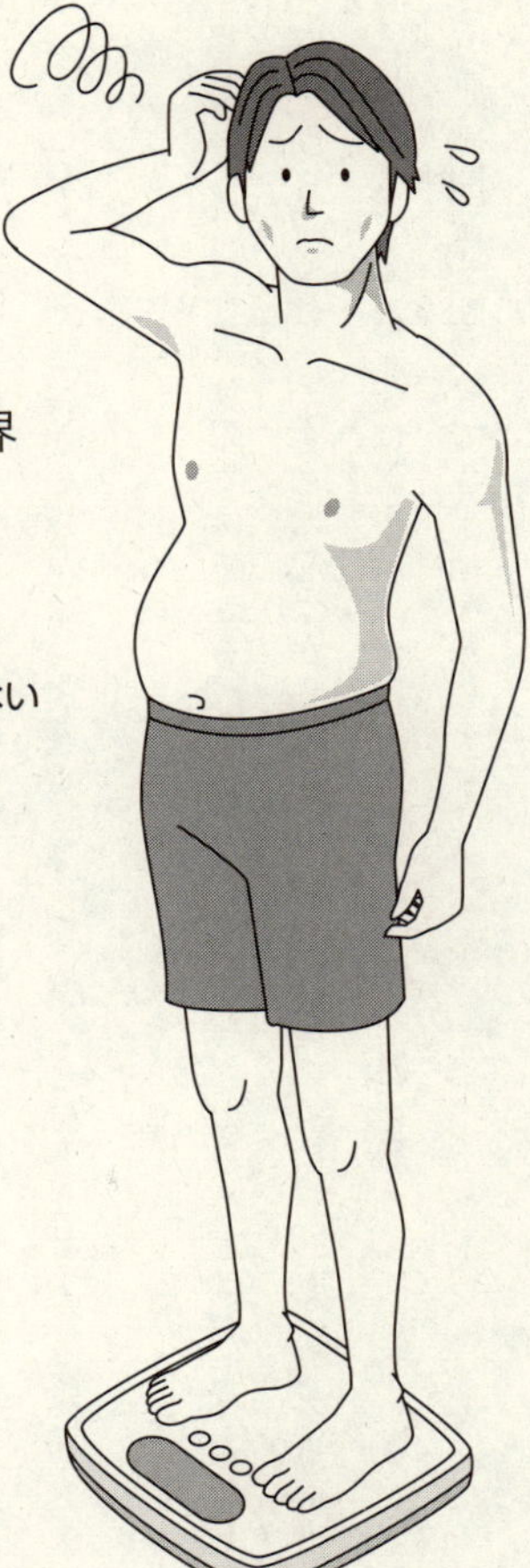

無理のない範囲のカロリーコントロールであればいいと思います。脂肪を減らすという点で、どんな運動より早くその効果を実感できます。たとえば、１００kcalを歩いて消費しようとすると約30分かかります（P61）が、食事なら知恵と指先一つ。メニューでちらし寿司を指すところを握り寿司にすれば解決してしまいます。

カロリーは消費を増やすより、摂取を抑えるほうが手っ取り早いのです。が、ここでしっかり覚えておきたいのは、食事で減量し、腹やせしようとする場合の、３つの限界です。

一つめは、食事制限ではやせる部分を選べないこと。太るときはおなかから太るのですから、やせるときもおなかから減ってくれればいいものを、しかしそういうわけにはいきません。先に顔や胸元がげっそりしてきて、体は締まっていないのに意味もなく周囲を心配させてしまったりします。

二つめが、たとえおなかがやせてもその形は変えられず、たるんでしまいやすいことです。下腹ぽっこりが気になっている方が、やせたからといって、いきなりおなかがキュッと絞られたりはしません。下腹ぽっこりのままやせるのです。垂れ下がったヒップが、やせたとたんにキュッとヒップアップしないのと同じこと。特に40代以降では食事だけでやせると、どうしてもおなかがたるみやすくなります。どんなに体重を減らせるとしても、これは避けたい事態でしょう。

三つめの限界は、食事でダイエットしていると、食べていないわりにやせにくくなる、つまり基礎代謝量を落としてしまうことです。これが食事制限によるダイエットの最もやっかいな点なので、詳しく説明しましょう。

◆本当は恐ろしいダイエット

基礎代謝とは、人間が何もしないでいても生命活動を維持するために使われている、最低限必要なエネルギーのことです。心臓をはじめとする内臓や脳、筋肉などの部位はその場所で活動しているだけでエネルギーを消費しています。

「日本人の食事摂取基準」（厚生労働省・2010年）によると、男性の基礎代謝量は15～17歳（標準的な体重58・4kg）で1日1580kcal、18～29歳（63kg）だと1510kcal、30～40歳（68・5kg）で1530kcalとなっています。端数《はすう》を四捨五入して、成人男性の基礎代謝量で1500kcalという感じですね。これは男性用の茶碗に盛ったごはん6杯分程度にあたります。息をしているだけでそれだけのエネルギーを消費しているわけです。

太るかやせるかは、基本的に消費カロリーと摂取カロリーの差で決まるといわれます。ですから理論的には、摂取量より消費量が上回ればやせることになります。ところが、太るやせるのメカニズムは、摂取カロリーと消費カロリーだけで決まるわけではありません。

まず、人はいろいろな形で体の中にエネルギー源をキープしています。血液の中の糖質（血糖）や、筋肉や肝臓の中に蓄えた糖質。他にも血液や肝臓の中の脂肪分を分解してエネルギーとして使っています。

基礎代謝に必要なエネルギーすら足りない状態に陥ると、人体は消費カロリーが多い組織の活動を制限したり、減らそうとします。おなかが空くとイライラしたり頭がぼーっとしたり、なんだか不幸な気分になるのは、消費エネルギーの多い脳の活動が「節約」されたため。だるくて動きたくなくなるのは、2番めにエネルギーを使う筋

人が動かなくても使うエネルギーの比率

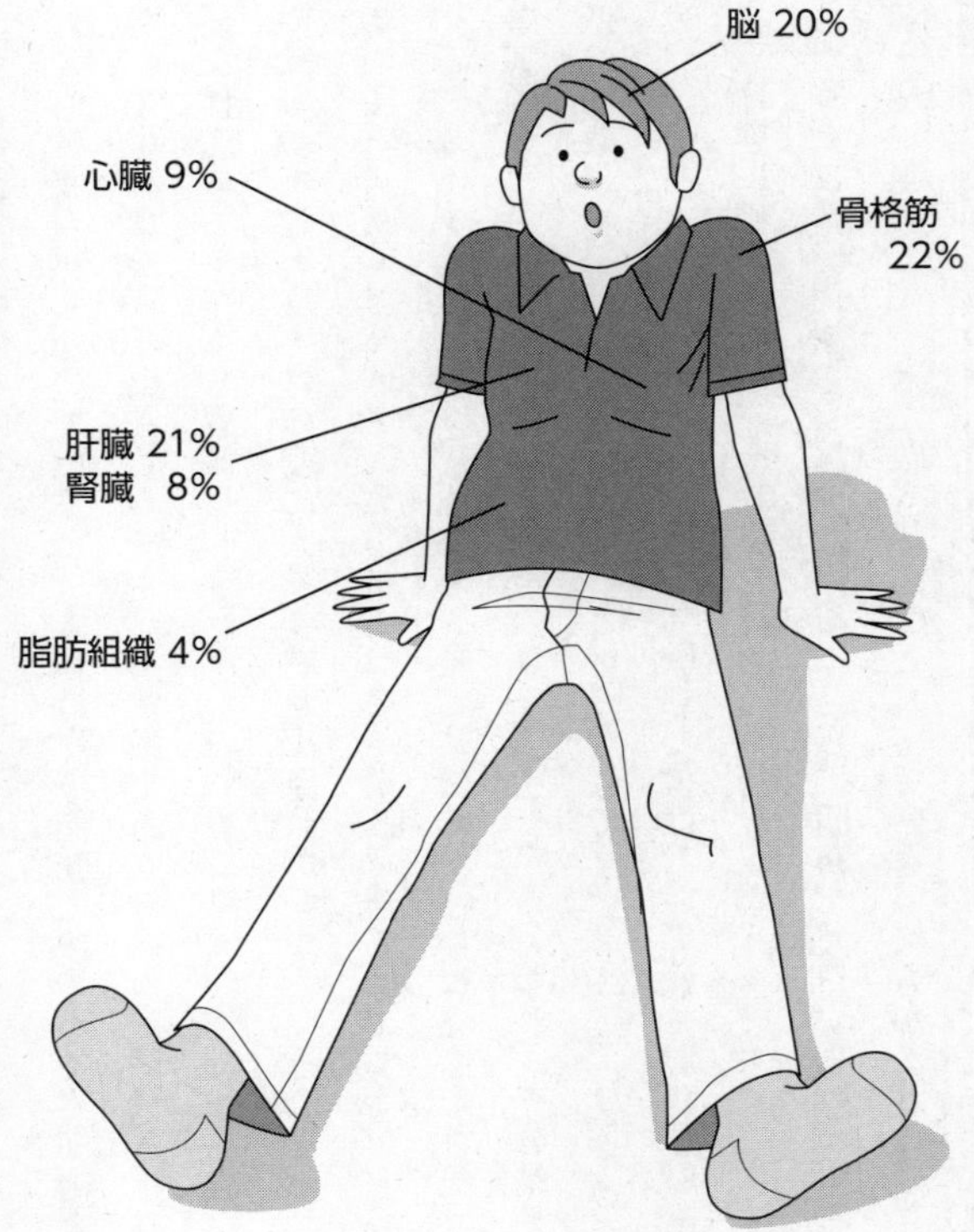

人は、じっとしていてもいろいろな組織でエネルギーを消費しています。食事でのダイエットは、そんな基礎代謝の低下を招くリスクを忘れてはいけません。　（数値参考『30秒ドローイン！ 腹を凹ます最強メソッド』高橋書店）

肉の活動が制限されたせいと考えられます。

それでも食物を摂《と》らないでいると、人体は皮下脂肪だけでなく、筋肉を分解してエネルギーや栄養素を取り出し始めます。浪費家である筋肉の量を減らして、脳の活動に必要な代謝エネルギーを確保しようとするのです。飢餓に苦しむ地域の映像や写真に、やせ細って骨と皮だけの姿の人々が映し出されています。それを見れば、筋肉が使われてしまっているのがおわかりでしょう。肝臓の重量まで減って、萎縮してしまっていることもあるそうです。もちろんそこまでの状態にはまずなりませんが、極端な食事制限をした体の中では、そうした「リストラ」が行われ、その結果、基礎代謝量が低くなります。低燃費な体になるというわけです。

また、そうやって一度飢えた状態を体験した体は、いずれまた食事が摂れなくなってしまう事態に備えるため、それまで以上に脂肪を溜め込みやすくなります。筋肉量が落ちたうえに基礎代謝量も減っている、さらに脂肪を減らすまいとする防御機能も高まる……。無理してやせた後、以前ほど食べていないにもかかわらず、以前よりも太ってしまったりするのは、摂取カロリーと消費カロリーの単純な差し引きだけでは説明がつきません。

ダイエット経験者の7割がリバウンドするといわれていますが、意志の弱さのせいではないのです。ヒトの体は以前より少ないカロリー摂取でも生命を維持できるように、エネルギー消費を減らすといった適応能力を発揮します。これではがんばればがんばるほど、やせにくく太りやすい体になってしまいかねません。

やみくもに過激な減量をするのは圧倒的に若い女性です。男性は、同僚と「いついつまでに10kg体重を落としたら××」といった賭けをしたりする人が多いようです。が、たとえ一時的であれ、無理な食事制限を課すダイエットは、「かえって太りやすくなる」という、意外に大きなリスクを伴うことは知っておいてほしいと思います。

次は運動と腹やせの関係を見てみましょう。

◆腹筋運動の真実

企業でメタボ改善のセミナーを行う際、いわゆる「腹筋運動」を行ったことがある方はどのくらいいるか挙手をお願いすると、およそ7割の方の手が挙がるようです。やったことはあっても手を挙げない方がいることを考えると、おなかを気にしている方なら誰しもやったことがある、といってもいいかもしれません。

そんな、ある意味メジャーな方法の腹筋運動ですが、「続けている方は？」と聞くと、一気に減って全体の5％にも満たなくなり、会場で思わず失笑が起きます。

さらに話の流れでわざとお聞きするのが「効果は出ましたか？」ということ。これは「正直、あまり効果が実感できなかった」という方が大半になります。「やっているあいだは多少、腹が締まったと思う」と答える方は、男性の場合は3〜4割ほどいらっしゃいますが、女性になると効果を実感できた方は1割にも満たなくなります。

私はいつもここで、「あのー、ちなみに皆さん、おなかをどうしたくて腹筋運動をやったのでしょう？」と意地悪な質問をします。すると必ず、「いまさら何？」といった不審げな空気が会場に漂うことに……。

そう、効果を感じられない理由はここにあります。腹筋運動をしさえすれば腹は引き締まるはず、という思い込みが強すぎるのです。だから結果的に、効果が出なかったのは自分の努力がいま一つ足りなかったからと思われるのでしょう。

この方々に限らず、筋肉をつければダイエットできる、という理屈はもはや定説のようになっています。腹筋運動をよしとする考えの人のあいだでは「筋肉をつける→基礎代謝が上がる」という論法が一般的だからです。

もちろん理論としては間違っていないのでしょう。基礎代謝で使われるエネルギーのうち、およそ20％程度は筋肉が消費しているといわれています。それなりに筋肉はエネルギーを食うのです。だから「筋肉を増やして基礎代謝が高まれば、普通に日常生活を送っていても以前より多くのエネルギーが消費される」という「筋トレ支持派」の理屈には一見筋が通っています。

でも理論はともかく、そんなふうにはいかない現実を私は指導の現場で何度も見てきました。

◆ハードな腹筋でも腹は凹《へこ》まない

「腹筋運動でおなかはやせるのか？」は、私がトレーナーになって最初に抱いた疑問でもありました。

私がトレーナーになったばかりの頃の話です。会員さんのなかに、非常におなかが出ているBさんがいました。でも、Bさんはありとあらゆる腹筋の筋トレメニューをこなしています。普通の人ではとうていできない強度の高いトレーニングの、種目数、回数、セット数もかなりのものでした。

でも、出ているのです、おなかが。

不思議に思った私は先輩のトレーナーに聞いてみました。Bさんはあんなに腹筋ができるのに、なぜおなかはあのような状態なのかと。「Bさんは食べすぎなんだよね」という先輩の答に「なるほど」と思う半面、いま一つ腑《ふ》に落ちない気持ちがありました。他の会員さんからも、「腹筋メニューをがんばっているわりに、何ヵ月経っても腹が細くならない」と相談を受けることが少なくなかったからです。

Bさんや相談してきた方のおなかを触らせてもらって驚きました。柔らかい脂肪の下にしっかりと筋肉がついていて、力を入れれば固くなったからです。つまり筋肉はついている。でもおなかは凹《へこ》んでいません。脂肪も落ちてはいません。新米トレーナーだった私は、会員さんと一緒に首を傾《かし》げるばかりでした。なぜ腹筋運動をしてもお

腹筋運動はおなかやせには勧めません

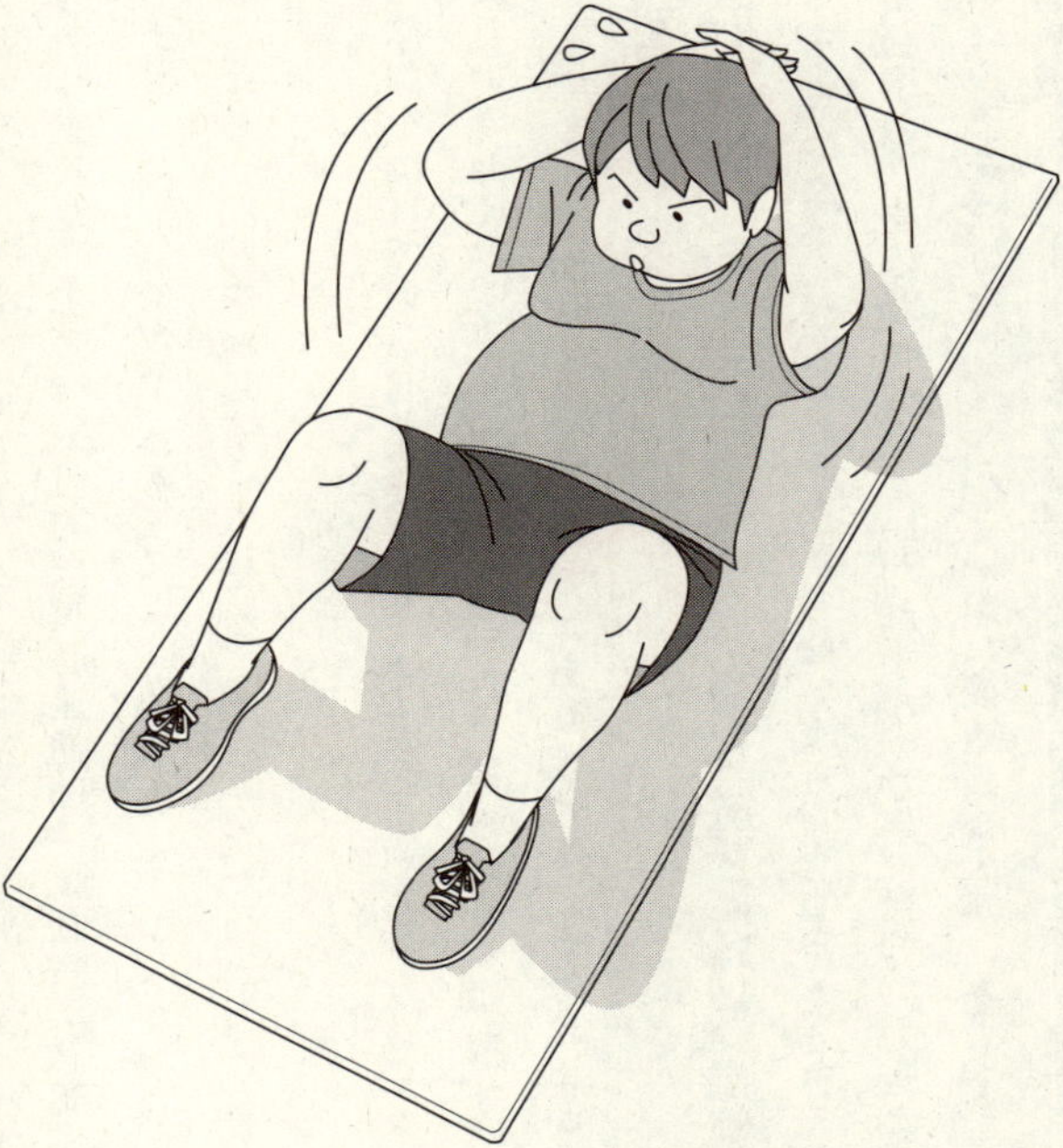

必要な苦しみであればまだしも、「不必要な苦しさ」とリスクを伴う腹筋運動はお勧めできません。

なかが凹まないのでしょうか。

理由は二つありました。まず、一般的な腹筋運動は「腹直筋（P88）を太くする」ための運動であり、「凹んだおなかを作る」ためのトレーニングではないこと。また、筋肉をつけることと、脂肪を減らすことは別のことなのに、それを一緒に考えていたせいです。

脂肪の下に筋肉をつけているBさんのような体型の典型が、プロレスラーや力士です。相当に厳しいトレーニングを積んでいながら、彼らの多くはおなかが出ています。一見小太り体型ですが肥満体というわけではありません。そのおなかの脂肪の下に強靱《きょうじん》な筋肉がついているからです。

激しいぶつかり合いや投げ合いをするには、強い筋肉と同時に、衝撃を緩和するための脂肪の層が必要です。だから脂肪が落ちないよう、食事をたくさん摂っています。彼らの体脂肪率の平均は25％程度といわれます。「え、自分、力士より体脂肪率高いよ〜」とショックを受けないでくださいね（後述しますが、そもそも体脂肪率は人と比べるものではなく、自分の体のバランスを見るものです）。力士よりも体脂肪率が高い男性に、「体脂肪率25％の力士体型を目指しましょう」なんて言ったら怒られてしまうでしょう。

力士が筋肉と脂肪をつけているのはわざとですから、筋肉をつければ全員が力士体型になるわけではもちろんありません。が、やはり、筋肉をつけさえすれば脂肪が落ちるというものでもないのです。

◆「腹筋で代謝を上げる」は正解か

皆さんは、初夏から秋にかけたコンテスト時期以外のボディビルダーがどんな体型か、ご存じでしょうか。

知人が「オレ、冬はただのデブだから」と言うのを聞いて大笑いしてしまったことがあります。コンテストに出るほどのボディビルダーでも、筋肉量が1年のなかで激しく変動しているわけではありません。美しく発達させた筋肉を競うボディビルでは、1年かけて筋肉をじっくりとより大きく、形よく作り上げていくのですが、コンテスト以外の時期は筋肉の上にそれなりの脂肪がついています。そしてコンテスト前にしっかりと食事制限を行って脂肪をそぎ落とすのです。このことからも、筋肉をつける＝脂肪が落ちる、わけではなく、筋肉の有無と脂肪を落とすことは別問題だとわかっていただけるでしょう。

腹筋運動も同様に考える必要があります。

一般的な腹筋運動は上半身を丸めながら起き上がるわけですが、このとき主に使っているのは「腹直筋《ふくちょくきん》（おなかの正面にある、縦に長い筋肉）」という筋肉（P88）です。ここを中心とした腹部の筋肉に負荷を与えて、筋肉を「肥大」させるための運動が腹筋運動です。肥大といっても腹筋はたいして大きくはなりませんが、それでも基本的に筋肉を「つける」、つまり「太くする」運動には変わりありません。

筋肉をつけると基礎代謝量が上がってダイエットできるという「定説」の真偽を、数値で検証しましょう。「筋肉を1kg増やして、その分、上がった代謝量で脂肪を燃やす」と「どうなるか」の試算を以下にご紹介します。

一般的に筋肉が基礎代謝で消費するエネルギーは、筋肉1kgにつき1日約30kcalといわれています。年換算（×365日）で1万9950kcal。筋肉を1kg増やせば、以前よ

ボディビルダーとプロレスラーは目的が異なるから体型が違う

ボディビルダー（左）は美しい筋肉を見せるため、コンテスト前に徹底的に脂肪を落とします。一方、プロレスラー（右）や力士は肉弾戦の衝撃を和らげるために脂肪を残しておきます。

りそれだけ多くのエネルギーを消費することになりますね。一方で、脂肪が蓄えているエネルギーは1gあたり約7㎉です。増量した筋肉がすべて脂肪燃焼にはたらいた（1万950㎉÷7㎉）として、脂肪約1・56㎏分がエネルギーとして消費される計算になります。

つまり1㎏の筋肉をつけると、1年で約1・56㎏の脂肪が減るわけです。減った脂肪から増えた筋肉分を引いて、実質的な体重減はおよそ560g。体脂肪率こそダウンします（たとえば体重70㎏で体脂肪率が20％の人は、約18％に減ります）が、体重にだけ注目すると、ほとんどやせていない印象を受けるでしょう。この数字で、1㎏も筋肉を増やす運動に対するモチベーションが続くかどうかが問題です。本格的に筋トレをした経験のある方なら、筋肉を1㎏増やすことの大変さはご存じでしょう。自分で言うのもなんですが、私が、ダイエット目的で行ったハードな筋トレにくじけてしまったのも無理はありません。

ちなみに、1日に増やせる筋肉の量は最大7gといわれます。仮に毎日長時間トレーニングしても、1㎏の筋肉を増やすまで5ヵ月近くかかる計算。ましてやそれを腹筋運動だけで達成するとなると……忙しいサラリーマンには非現実的なこと、いうまでもありません。というか、目的はおなかやせだったはず。筋トレにかける労力を考えるとコストパフォーマンスが悪すぎです。筋トレが趣味の方でもない限り、続けるのはとても難しいでしょう。

きつい筋トレには筋肉を太くするなどの効果があります。なんのためにやるのかが明確であれば、継続することを重要視して取り組まれるといいでしょう。ただ、脂肪が多いまま、へたに筋トレで筋肉をつけても、友人のボディビルダーのように「ただのデブ」っぽくなってしまいかねませんので、そこだけご留意いただければと思います。

本書が追求するのはあくまでおなかやせ。ジムに行かずに、きゅっと引き締まったおなかを目指します。ここまでで、そのための腹筋運動は不要であることはご理解いただけたでしょうか。

◆有酸素運動の落とし穴

さて、いよいよダイエット方法の真打《しんうち》登場、「有酸素運動」です。

有酸素運動の有効性を誰よりも早く科学的に唱えたのが、アメリカのケネス・クーパー博士です。クーパー博士は1967年に「充分に長い時間をかけて呼吸・循環器系機能を刺激し、身体内部に有益な効果を生み出すことのできる一連の運動」があるとして、「エアロビクス理論」を開発しました。彼のプログラムの名称「AEROBICS EXERCISE」を訳した言葉が「有酸素運動」です。現在、日本ではウォーキング、自転車こぎ、ジョギング、水泳などの全身運動が代表的な有酸素運動とされています。

食事制限でおなかだけやせるのは無理。腹筋の腹やせ効果は期待薄。ならば、この有酸素運動がやはり有効なのでしょうか。

答はYESです。有酸素運動は脂肪を落とすという意味で、最も効果的なタイプの運動といえるでしょう。

ただし、有酸素運動にも弱点はあります。

まず有酸素運動だけで「部分やせ」はできません。定期的に有酸素運動をすれば、その頻度によって少しずつでも体重は落ちていくとして、おなかだけやせるわけではありません。全身運動だから「全身まんべんなく」やせるわけです。

歩くことで消費カロリーを増やすのは大変

30分歩くと
消費カロリーは？
（体重70kgの男性を想定）

散歩（時速3.2km）＝ 73kcal
普通歩行（時速4.0km）＝110kcal
早歩き（時速5.7km）＝147kcal

さらに、ある種の有酸素運動では食欲が増進します。健康的といえば健康的ですが、「減量」目的の場合は、そこがやはりネックになるでしょう。

そして最大の問題は「続くかどうか」です。たとえば、いわゆる有酸素運動のなかでも最も手軽で続けやすいのがウォーキング。心肺機能を高め脂肪を燃焼する運動として、1980年代の終わり頃から盛んに推奨されるようになりました。そのウォーキングですら大半の方が挫折、あるいは目標を達成しないまま中止してしまう現実があるのです。

挫折には二つのパターンがあります。一つは、コツコツ続けてちゃんと成果が出たものの、結局はやめてしまってリバウンドしてしまうケースです。

私が印象に残っているのは、1年間コツコツと歩き続けて10kgやせ、目標を達成したら、なんとなく歩く気がしなくなってしまって12kg太ってしまった、という方でした。どんなに健康的にゆっくりやせたとしても、結果としてやめてしまったら、運動でも食事同様にリバウンドが起きます。それはしっかり肝に銘じてください。「1ヵ月に1kgのペースでやせているから、大丈夫！」というふうに言う方も稀《まれ》にいらっしゃいますが、そういう問題ではありません。目標を達成した後、もしくは体重が落ちなくなった後に続けられなくなるくらいなら早めに軌道修正、つまり無理なく続けられる方法に変えるほうが、ガッカリせずにすむはずです。

もう一つの挫折パターンは腹筋運動と同様、そもそも減量効果が実感できないためにやめてしまうこと。これも少なくありません。

ウォーキングについて最も多く受ける質問が「1日1万歩を歩いているものの、やせないのですが……」というもの。ウォーキング＝ダイエット、というイメージばかりが先行して、やせるはずなのになぜだ!?という焦りを生んでしまっているような気がします。

◆ウォーキングで太った理由は

たとえば、ある企業の50代の男性から「もう3ヵ月近くウォーキングをしているのに、ちっとも体重が減らない、それどころか増え気味。まさかウォーキングで太ったりはしないよね？」という相談を受けました。

お話を聞くと、家から駅までバスを使わずに40分、行きも帰りも歩いているといいます。春の健康診断で数値がよくなかったため一念発起《いちねんほっき》して歩き始めた。夏が近づいて、それこそ大汗をかきながら着替え持参でがんばっているのに、体重が減るどころか増加傾向なのはいったいなぜかとその男性は言います。

女性の場合ですと、40分といえども、それがポメラニアンの散歩みたいな歩き方であればなんの成果が出なくても案外不思議ではないのですが、男性では普通考えられません。やり方の良《よ》し悪《あ》しでやせにくい人はいるにしても、ウォーキングで太りはしないはずです。これは食生活に何かあるとしか考えにくく、心当たりをお聞きしても、むしろ食事には気をつけているとのお答。以前ほど食べなくなったくらいだそうです。でも、ヒトの体というのは結構正直なもの。結果が出ないには出ないなりの、太るには太るなりの理由があるはずです。

結局、その方の場合は「そうめん」が犯人でした。たいてい50gで束になっているそうめんを、この男性はごはんよりヘルシーだと思っていたそうで、奥様に茹《ゆ》でてもらってちゅるちゅるちゅるっと一度に4束平らげていたのです。確かにそうめんは喉越しがいいので、男性だったら4束も楽勝でしょう。でも、そのカロリーはなんと700kcal以上です。これは、ごはんでおよそお茶碗3膳分。むしろもっと太ってもおかしくありませんでした。

知らないとは怖いこと。努力しようという気持ちがあって、行動も起こしているというのに、頭で思い描いている目標とは違った結果になってしまうのは、本当にもったいないと思います。

◆昨今の歩き方事情を考える

さて、クーパー博士に教えを乞うまでもなく、歩くことが健康にいいのは日本でも古くから知られていました。たとえば江戸時代中期の儒学者貝原益軒《かいばらえきけん》は『養生訓《ようじょうくん》』でこう記しています。

身体《からだ》は日々少《すこし》ずつ労動《ろうどう》すべし。久しく安坐すべからず。毎日飯後に、必ず庭圃《ていえん》の内数百足しづかに歩行すべし。雨中には室屋の内を、幾度も徐行すべし。此如《このごと》く日々朝晩《ちょうばん》運動すれば、針・灸《きゅう》を用ひずして、飲食・気血《きけつ》の滞《とどこおり》なくして病なし。針灸をして熱痛甚《はなはだ》しき身の苦しみをこらえんより、かくの如くせば痛《いたみ》なくして安楽なるべし。

注目したいのは「毎日飯後に、必ず庭圃の内数百足しづかに歩行すべし。雨中には室屋の内を、幾度も徐行すべし」の部分。現代語だと「毎日の食事の後は、庭の中を数百歩静かに歩くようにする。雨の日には、部屋の中を何度もゆっくり歩けばよい」という意味です。鍼《はり》（針）や灸など「ひどい熱さや痛さを我慢しなければいけない」方法よりも「静かに」歩くことを勧めているのが興味深いところです。対症療法より日々の心掛けが大切、ということですね。

この養生訓が書かれたのは1713（正徳《しょうとく》3）年、貝原益軒83歳のとき。現在の「日本ウォーキング協会」の前身が設立されたのは東京オリンピックと同じ1964年ですから、その250年以上前から、歩くことと健康は結びつけて考えられていたわけです。

「歩く」ことは人の生活のまさに基本動作ですが、着物を着て生活していた時代は草履や下駄を履いていたわけですから、歩き方も現在とは異なっていたでしょう。どのような歩き方が正しいかは時代と共に変わるはず。交通手段が発達していなかった当時は、いかに消費カロリーを抑えて動くか、いかに関節に負担をかけずに楽をさせて歩くかに留意しただろうと想像できます。お風呂に入るだけでも、水を汲《く》み、薪《まき》を拾い、火をおこさねばならない時代。まさに生活が労働だったわけで、「運動」とか「運動不足」という概念すら存在していなかったのではないでしょうか。おなかを凹ませながら頭を昂然《こうぜん》と上げて大股で歩く、いまの私の歩き方を江戸時代の人が見たら、おかしな人間だと思われてしまうことでしょう。

先に日本人男性が太る理由のところで述べたように、現代人は、「運動不足」というより「活動不足」に陥っています。昔の人を見習って体をこまめに動かすのが体にいいのは間違いありません。

ただ、一般の方が一気に足りない運動量を取り返そうとしてプロのアスリートのトレーニング方法などを取り入れるのは、費やせる時間や体力レベルを考えると無理があるように思います。定期的なウォーキングも見てきたとおり、なかなか継続は難しいのが現実。そこで私は、わざわざ運動するよりも、やはり植森式ダイエットドローインがベストだと申し上げます。おなかを凹ませるのは普段の姿勢や動作に直結して行うことができる、非常に現実的かつ効果的な方法だからです。

次章では、これまで推奨されてきた「運動」の本質的な性質を踏まえながら、おなかを凹ませるだけでなぜ、より効果的におなかがやせるのか、その理由を説明します。ぜひ、おなかを凹ませながら読んでみてくださいね。

第3章

腹だけ絞るための極意

◆おなかが変わるたった二つのアプローチ

まずは、あなたのおなかを鏡に映して、しげしげと観察してみてください。

いわゆるメタボ腹の人もいれば、むしろやせ気味で下腹だけ出ている人など、現在のおなかの状態は百人百様でしょう。大切なのは、いまのご自分のおなかが「どう変われば、理想のおなかになるか」です。

たとえば、やせ気味だけれど寸胴《ずんどう》の女性なら、ウエストにくびれさえできれば、おなかの悩みは解決するのではないでしょうか。そうやって、基本をしっかりおさえていただければ、自由自在にカスタマイズできるのが、植森式「おなかやせ」のいいところでもあります。

目指すべきおなかはイメージできましたか？　あなたの理想のおなかにするために、必要なのは次のうちどちらでしょう？　もしくは両方ですか？

・腹の形を変える、サイズを落とす

・脂肪を減らす

「いわれてみれば、違うことだよね」と思われた方も多いのではないでしょうか？

そうです。「締まった気がする」などではなく、「腹がやせた」という結果を出すためには右の二つのいずれか、または両方の要素を満たしていなければなりません。「植森式ダイエットドローイン」では、まず筋力を高めることで形を変えてサイズを落とし、次に筋持久力を高めて脂肪を落とすというアプローチを取ります。植森式ダイエットドローインの「おなかやせ理論」を理解していただくことは、より効果的に、確実に成果をあげるうえで間違いなくプラスになるかと思います。少し固い話が続きますが、もう少しおつき合いください。

◆変わり始めた「部分やせ」の常識

本書はおなかだけやせるという、いわば部分やせの本です。おなかだけ締める、おなかから脂肪を落とすメソッドとして構成されています。

実はこれまで、「部分やせは不可能である」がアカデミックな世界の常識でした。皮下脂肪は遊離脂肪酸という物質に分解されて血液に混ざり、エネルギーとして使われるのですが、血液は全身を巡っているのだから、特定の場所の脂肪が燃焼されるわけではないという理屈です。有酸素運動の説明のところでも、結局はまんべんなくやせるものだと書きましたね。そういった「常識」をご存じの方ほど、「おなかだけやせる」なんて方法があるとは信じられないかもしれません。

しかし、生理学の常識はかなりの速度で変わり続けています。常識もある意味、その時点での「見識」であって、真実とは限りません。時代と共に価値観も変わります（たとえば以前には「脂肪細胞の数は生涯変わらない」とか「老人は筋トレしても無駄」などの論説がまかり通っていたのです）。

部分やせについても、科学の常識は変わり始めています。ある程度は特定の部位にターゲットを絞って脂肪を減らしていくのが可能だとする説も発表されました。ご参考までに一例を紹介しておきましょう。

体についた脂肪がエネルギーとして使われるには、先にも触れたように①脂肪細胞に蓄えられている中性脂肪が分解され、遊離脂肪酸として血液中に放出される。②遊離脂肪酸が筋肉や臓器に取り入れられてエネルギーとして消費される。の2段階が必要です。その①の段階で、特定の部位の脂肪分解が「より進行しやすい状態」をつくれる、つまりその部分の脂肪だけを除くことも可能、というのです。

その研究によると、筋肉から分泌されている「インターロイシン6」という物質が、筋肉周辺の中性脂肪を分解して遊離脂肪酸に変え、一帯の筋肉がそれをエネルギーとして利用している可能性が高い、といいます。運動で使う筋肉からは特にインターロイシン6が多く分泌されるため、これが現実に部分やせと見られる現象に関与している可能性がある。つまり脂肪を燃焼させる物質が特定の部分にはたらくことがあり得る、という推論です。体内には未知の物質がまだ少なくありませんから、これからも部分やせにかかわる新たな発見が続くことでしょう。

百聞は一見に如《し》かず。実際にヒトの体は部分によって体脂肪の分布状態が異なっています。1章では食肉の例を挙げましたが、スポーツ選手の体型もぜひ観察してみてください。

たとえば下半身を積極的に使う自転車の選手やサッカー選手は下半身、特に太腿《ふともも》からふくらはぎにかけての体脂肪がそぎ落とされたように少ないにもかかわらず、おなかにはそれなりに脂肪がついていたりします。使い込んでいるところとそうでないところで、脂肪のつき具合が違うのです。

牛や豚では体を動かすための脚ではなく、あくまでも体を内部で支えるために使い続けているヒレ肉が最も低脂肪だったことを思い出してください。ヒレ肉のような赤身の筋肉をつくろうとするなら、持久的に体幹の筋肉を使うのが効果的です。やはり食肉には大きなヒントがあります。使っていないところほど脂肪がつく——頭にインプットしておきたいところです。

◆鍛え方で筋肉は色が変わる

使わないと脂肪がつくといっても、やみくもに筋肉を鍛えればいいというものではありません。ランナーの体を思い出してみてください。

同じ「走る」動作をしているにもかかわらず、短距離選手と長距離選手ではまったく体つきが違います。短距離選手にはボリュームのある筋肉がつき、下半身もがっしりしています。かたや長距離ランナーは、例外なくほっそりとした体型。黒人と東洋人、男性、女性、といった違いで差はあれど、体型が特徴的なのは明らかです。

長距離走者と短距離走者では
使う時間の違いで筋肉に差がつく

同じ「走る」のでも体型は大違い。
白筋系と赤筋系、目指すべきはどちら？

短距離競技では、一瞬で大きなパワーを発揮させる必要があります。瞬間的に大きな力を出すのに優れている筋肉は速筋《そっきん》、あるいは白筋《はっきん》と呼ばれ、鍛えるほどに太さを増す特徴があります。より早く走ろうとするうちに、筋肉が大きく発達した体ができあがっていくわけです。

対して、長く走るためには遅筋《ちきん》、または赤筋《せっきん》と呼ばれる筋肉が活躍します。白筋は強い力を出せる代わりに長いあいだ大きなパワーを出し続けることができず、赤筋は白筋のようなパワーは出せない一方で長時間力を出し続けることができます。長距離ランナーの体型を見るとわかりますが、赤筋は大きくならないタイプの筋肉なのです。白筋と赤筋の中間タイプの筋肉（ピンク筋）への変化もあるといいます。筋肉細胞の増減には諸説ありますが、どんな運動をするかで赤白どちらかの筋肉に発達し、外見が変わることは確かです。

ちなみに筋肉のタイプについては遺伝的な要素もあるようです。よく、筋肉がつきやすい、つきにくい、という言い方をしますが、いわゆる「つきやすい人」は白筋系。もともと赤筋が多めのタイプの方は、体型的に細身です。ここでご自分の目的を思い出してみてください。本書の読者の方であれば、基本的に目指すべきは赤筋系でしょう。長めの時間、おなかを凹《へこ》ますことによって赤筋に育てるための負荷を与える。それがおなかの脂肪を落とすことにつながります。

◆凹ませてない腹はたるむ

さて、ここからは最初のアプローチ「腹の形を変える、サイズを落とす」に対して、筋肉をどう使うかを解説していきます。

筋肉が収縮する力を「張力《ちょうりょく》」といいます。使われていない筋肉は本来の張力を発揮することなく、たるんだ状態になっています。よく「筋肉をつけよう」といわれますが、筋肉は誰もが持っているもの。おなかが出ている人は、筋肉本来の力をうまく使えていないだけなのです。筋肉の「張力」、本来の張りを取り戻すだけでおなかはグッと凹みます。

おなかを凹ませるときは腹側、背中側、すべての筋肉を動員しないと大きく凹ませることはできません。脂肪を落とす場合には長いあいだ凹ませるのに対し、形をすぐに変えたりサイズを落としたりするためには筋力が重要になります。おなかをより大きく凹ませる力を高めるのです。

「大きな力を使うのなら、白筋系に筋肉が肥大してしまうのでは？」という心配は無用です。腹部の筋肉は他の部位に比べてもともと肥大しにくい性質があるのに加え、複数の筋肉が力を出し合って支える構造のため、大きな力を使って凹ませているつもりでも、個別の筋肉が肥大するような大きな負荷はかからないのです。

普通の腹筋運動は筋肉肥大を目指し、部分部分の筋肉に負荷を集中させますが、おなかを凹ませるためには、凹ませておくのに必要なすべての、つまり体幹部全体をバランスよく使う筋力が重要になります。

ちなみに、凹ませているつもりでも実際に凹んでいない、または動きの悪いところがある方も、筋肉がないわけではありません。使っていなかったせいで筋肉が動かなくなっているだけ。繰り返しますが、凹ませるための筋力を使っていないからおなかが出っ張り、脂肪が溜まってしまうわけです。

◆筋肉は形状記憶する

「まずはぎゅっとおなかを凹ませましょう」、とダイエットドローインの指導で言うと「そんなの一時的に凹ませているだけで、見た目をごまかしているだけじゃないの」と言いたげな方が必ずいます。いまも「で、なに？　意識してずっと凹ませておかなくちゃいけないわけ？」と、読者の皆さんは思っていらっしゃるかもしれません。

確かに、最初は意識的に凹ませておなか周りの筋力を引き出すだけです。しかしそれを続けたり繰り返したりすると、わざと凹ませていないときでも凹んだ形になっていきます。筋肉は使ったなりに形を変えていくのです。オリンピック選手は水泳、砲丸投げなど、種目ごとにとても特徴的な体型になっていますよね？　これは特定の動作を繰り返すから。繰り返すことで筋肉は「形状記憶」するのです。

顔を例にとるとわかりやすいでしょうか。たとえば日産のカルロス・ゴーンCEOの眉間《みけん》の筋肉はかなり盛り上がっています。あそこまで眉間の筋肉が発達するのは、頻繁に激怒しているせい。ゴーンさんが怒った顔はきっと鬼より恐ろしいはずです。

顔の皮膚の下には「表情筋」という筋肉が張り巡らされているのですが、これも動かさないでいると張力が失われます。だから普段あまり表情が豊かでない方は頬や口元、目元の筋肉も衰えて、笑っているつもりが顔は笑っていないなんてことになりがち。これは、笑わないでいると笑うための筋力が衰えてしまうからです。誰が言ったか、「40歳を過ぎたら自分の顔に責任を持て」という言葉には一理も二理もあるわけです。知らない方でもお顔を観察していると、その方が普段どんな表情をしているのか、表情筋や皺《しわ》の状態でおおむねわかります。

発達もし衰えもするのは、顔の筋肉だけではありません。全身の骨や筋肉も、使われたなりの状態を覚えていきます。

極端な例を挙げますと、国際宇宙ステーションに長期間滞在する宇宙飛行士の骨や筋肉には、無重力状態のため負荷がかかりません。だからどんどん衰えていきます。体重がかからない状態に適応してしまうからです。

使わないと衰える。これと同じことが、ぐるりとおなかを取り囲む筋肉群にも当てはまります。ぽっこりとおなかが出ている方は、総じておなかの筋肉を使うことができていません。ではどうすればいいか。答は簡単。日々おなかを正しい姿勢で大きく凹ませるようにすればいいのです。

◆その場で10㎝凹む人も

おなかを大きく凹ます力を鍛えると、どのくらいで効果が出ると思いますか？　怪しく聞こえるかもしれませんが、私のセミナーに参加された方の場合、30分から1時間程度で、参加者の約9割の方が参加前に比べて平均5㎝はウエストサイズが小さくなります。10㎝以上サイズダウンする方も、まったく珍しくありません。サイズは皆さんご自分で測っていただくのですが、おなかの力を抜いているのに最初に測ったサイズよりぐんと小さくなっているため、いつも驚きの声があがります。

これは先に述べた、筋肉の形状記憶のおかげ。セミナーでいきなり脂肪が落ちたわけではなく、筋肉が収縮した状態になるのです。

そんなに短時間に変わるものかと疑心暗鬼な方は、試しにたとえば188ページで「より早くサイズを落としていきたい方」用にご紹介しているエクササイズをやってみてください。キツめな動きですが、重力を利用して負荷をかけるため、サイズダウン効果が非常に高い筋トレです。たった1回行っただけでサイズが落ちる方も、少なくありません。

◆サイズ減から脂肪減へ

ご説明してきたように、おなかを大きく凹ませると、まずは筋肉がキュッと締まるためにウエストサイズが減り始めます。逆に言うと、2週間続けても見た目のおなかやサイズにまったく変化が感じられない場合は、やり方に問題がある可能性大、です。注意していただきたいのは、最初にどんどんサイズダウンしても、まだ脂肪は落ちていないということ。当然ながら、ずっとサイズが減り続けるわけではありません。1ヵ月もすると筋肉が本来あるべき力を取り戻し、筋力不足による出っ張りはかなり解消しますから、そこからは最初のようなペースでは落ちなくなります。

力一杯凹ませ続けて筋力アップを目指すのも悪くはありませんが、やはり皆さん気にされているのは、おなかの脂肪のはず。今度は凹ませる時間を長くしていき、脂肪をそぎ落としていくのがいいでしょう。熱心にやる方ですと1ヵ月くらいでサイズ減

1ヵ月くらいで実感が！

ドローインするとすぐにおなかの形は変わってきます。
続けると1ヵ月くらいで「脂肪が落ちてきたな」という
手応えが得られます。

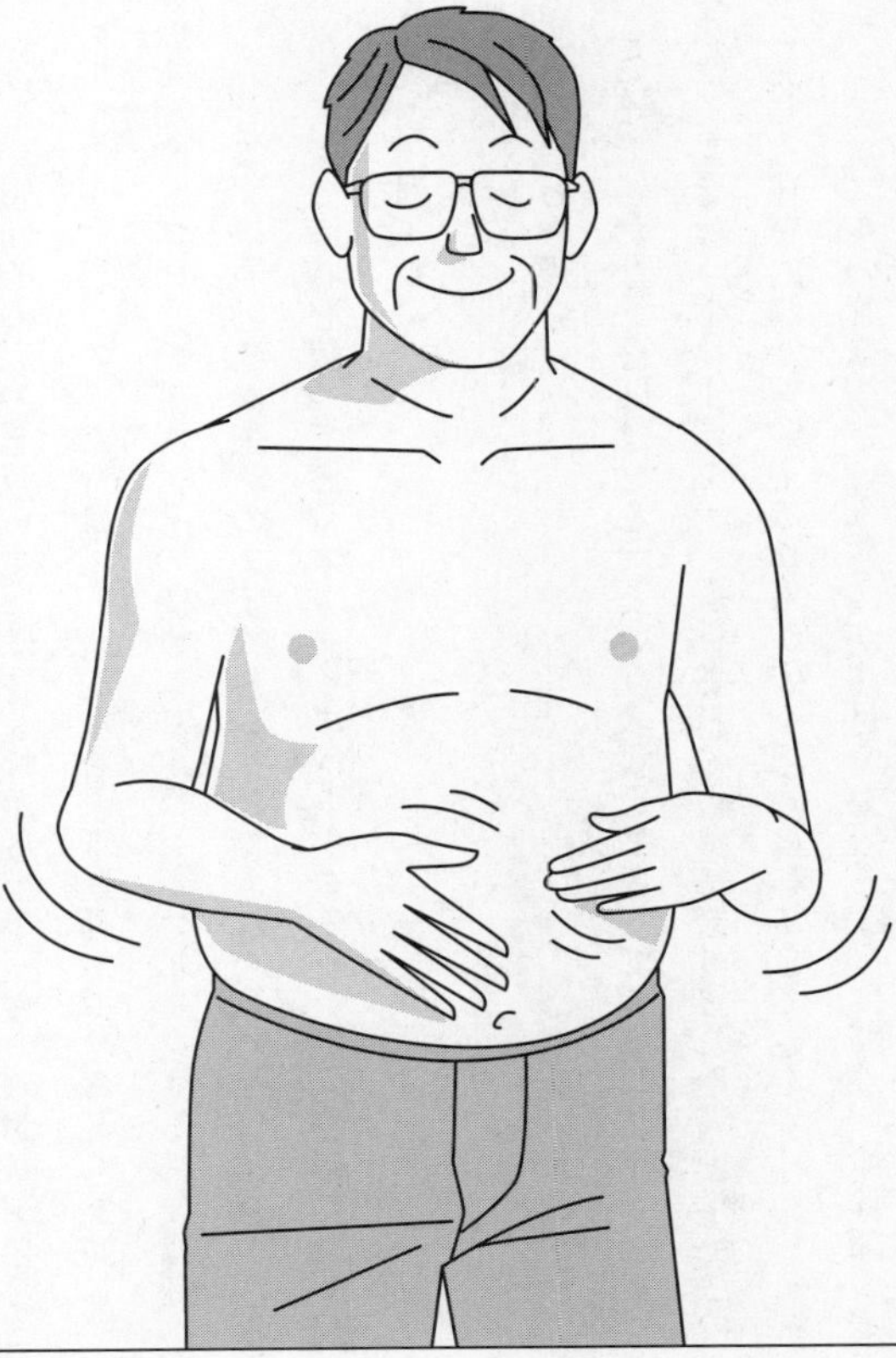

に加えて脂肪も減ってきていると実感できるでしょう。

一般的に言うと、脂肪そのものを減らすには3ヵ月から半年くらいの期間が必要だと思っておいてください。このあたりは、一般的な有酸素運動でやせるときと同じ。コツコツ脂肪を燃やしていくのです。その間カロリーコントロールをする必要は基本的にありません。まずは「いまの生活のままでも腹やせできる」という自信をつけることが大事です。腹の脂肪を狙って燃やす、ダイエットドローイン生活を楽しんで続けてほしいと思います。

◆コアトレーニングとの違い

本書ではここまで「おなかを凹ませる」という表現を多用してきましたが、近年、おなかを凹ませる動きは「ドローイン」と総称されるようになりました。理学療法の分野から端を発し、体を内側から鍛える効果が広く認められてきています。

特にインナーマッスルの腹横筋《ふくおうきん》という筋肉が注目を集めるようになり、体幹部（本来、頭と手足を除いた胴体の意味です）のトレーニング方法として、ドローインが活

挑戦！コアトレーニング

興味のある方のために、コアトレーニングで腹横筋を鍛えるエクササイズをご紹介します。体幹の筋力が足りないと肩や肘関節、腰を痛めかねないので、無理はなさらないでください。

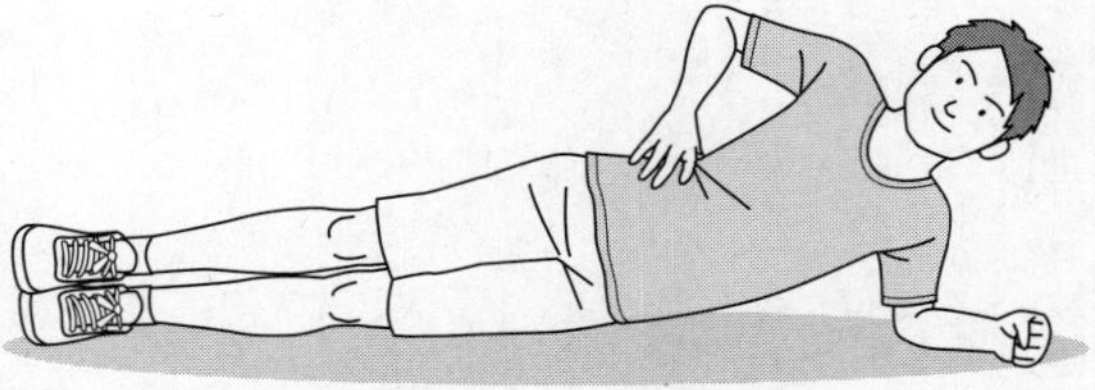

①横向きに寝て肩の真下で肘をつきます。
上になった手は軽く腰に。

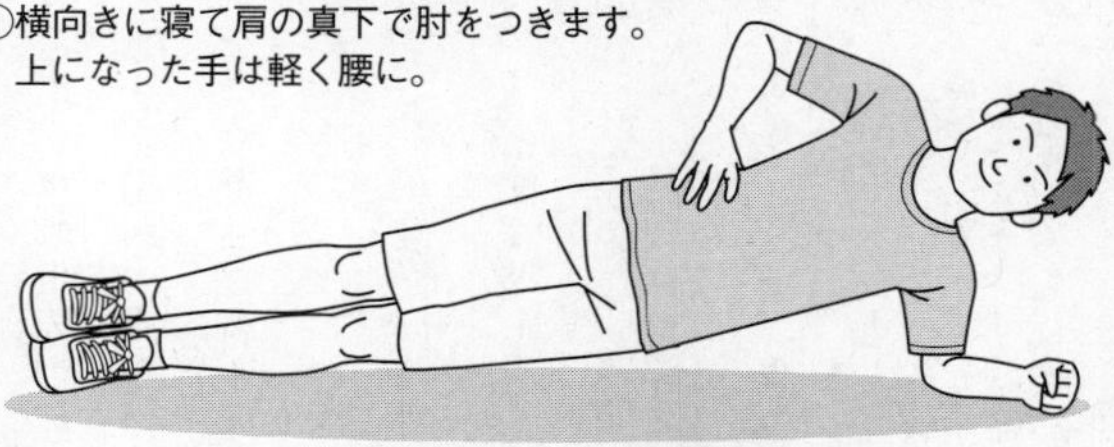

②体がまっすぐになるまで腰を浮かせ、５秒間静止します。

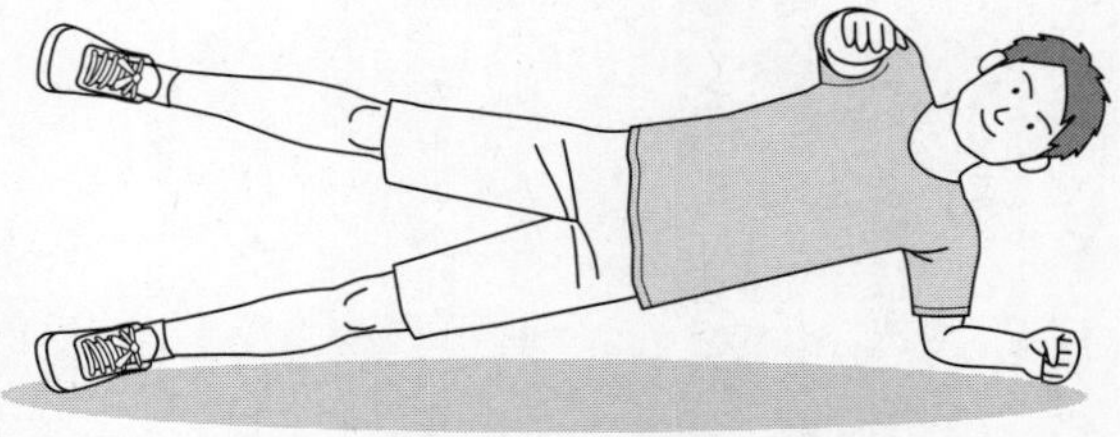

③上の脚を床と平行の角度までまっすぐ上げ、上の腕を前に出して10秒間停止。ぐらついたり、体がぐにゃっと曲がってはいけません。

用されています。理学療法の分野ではドローインを「腹横筋再教育」などとも呼びます。一般的なドローインと、プロスポーツの世界で最近話題の「コアトレーニング」はどう違うのかと聞かれることがありますが、違うのはやはり目的と方法です。

たとえばコアトレーニングは、そもそも体幹《コア》を安定させることによって、よりダイナミックな動きを可能にするためのもの。プロのアスリートなどが、パフォーマンスやプレーの質を上げて結果を出すことが最終目的です。サッカー日本代表の長友佑都《ながともゆうと》選手などは、体幹のトレーニングを積むことによって腰のヘルニアを克服したのだそうです。

プロスポーツ選手やアスリートと一般の方では体の状態がまったく違っています。コアトレーニングのメニューのレベル、種類、費やす時間などは、とても一般人向けとはいえません。そもそもおなかやせを目的としていないため、効率は決してよくありませんし、関節にかかる負担等を考えると、安全面も気になります。

つまりおなかを凹ませる動き一つとっても、腰痛などのリハビリとしてなのか、スポーツ選手のパフォーマンス向上のためなのか、おなかやせのためなのか、目的が違えばやり方は変わるわけです。たとえば、アスリートが行うドローインでは「肩を上げてはいけない」「息を止めてはいけない」といった制約がありません。

本書で紹介している「植森式ダイエットドローイン」は正しい姿勢と引き締まったおなかを最短で手に入れるべく、おなかやせに特化したメソッドです。まずは眠っている体幹の筋肉を正しく目覚めさせるのを第一歩として、そこから「脂肪」「たるみ」「出っ張り」といったおなかの問題を解決するのを目的とします。

◆筋肉はコントロールできる

体幹の話が出たところで、ドローインに関連する筋肉について説明しましょう。

人間の筋肉はそのはたらきによって「骨格筋《こっかくきん》」「平滑筋《へいかつきん》」「心筋《しんきん》」の3種類に分類できます。本書でこれまで「筋肉」と呼んできたもののほとんどは骨格筋です。

「骨格筋」とは関節をまたいで、骨に付着して骨格を動かす筋肉。動作をするときにはたらく筋肉です。意志で動かすことができるので、「随意筋《ずいいきん》」とも呼ばれます。一方、自分の意志で動かすことができない「不随意筋《ふずいいきん》」が、「平滑筋（内臓の筋肉）」と

「心筋（心臓だけにある筋肉）」です。心臓は「ちょっと止めてみよう」と思っても止まりません。これは心臓が不随意筋だからです。

左の図を見ながら、該当する筋肉があるあたりを自分の手で触ってみてください。力を入れて硬くなる筋肉は、普段から使っている筋肉です。力を込めても軟らかいままの筋肉は、残念ながら使われていない状態を記憶してしまっています。でも大丈夫。筋肉はちゃんとコントロールできるようになります。

①腹直筋《ふくちょくきん》

腹筋運動の説明のときにすでに登場しました。胸の筋肉の下から、腹部の真ん中についている筋肉です。腹直筋は一直線ではなく、段差があります。腹が割れるとは、この腹直筋の段差があらわになった状態です。板チョコのように腹が割れたいわゆる「シックスパック」は、要するに腹直筋の形が浮き彫りになっているわけですね。

腹の筋肉のなかでも、この腹直筋がいちばん意識しやすいでしょう。足の爪を切ったり、床に落ちたペンを拾ったり、あおむけの状態から起き上がるときなどに使っています。植森式ダイエットドローインでは、この腹直筋を収縮させるのではなく、ス

ドローインで鍛えられる腹周りの筋肉

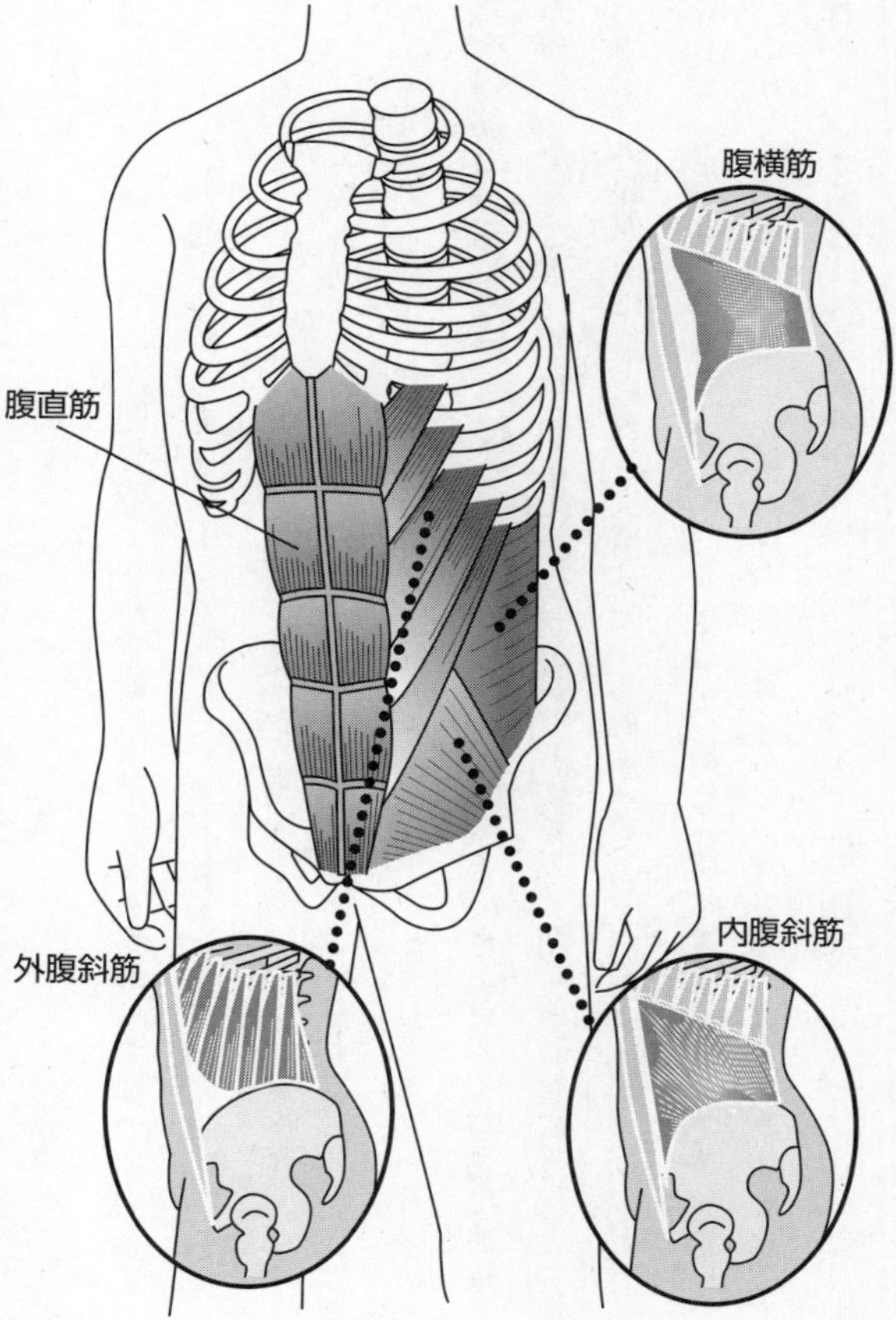

トレッチした状態で凹ませます。

②外腹斜筋《がいふくしゃきん》

「斜筋」の名前のとおり、肋骨の下から骨盤の上部までを斜めにつないでいます。皮膚のすぐ下、外側に位置しているのが外腹斜筋です。骨盤を上に引き上げたり上体を左右に曲げるときに主にはたらきます。また、上体を旋回させるときにもはたらく筋肉です。ウエスト周りを引き締めるのにも重要な役割をしています。

③内腹斜筋《ないふくしゃきん》

外腹斜筋と一緒になって、上体を旋回させる、骨盤を引き上げる、左右に曲げるなどの動きをするときに使われます。外腹斜筋の下にあり、肋骨と骨盤の下部をつなぐ筋肉です。外腹斜筋に遮《さえぎ》られて皮膚の上から確かめるのが難しい筋肉ですが、外腹斜筋と同様、脇腹を引き締めるだけでなく下腹を凹ませるために大切な部位です。下腹がぴくりとも凹まない方は、最初はあえて背すじを伸ばさずお尻に力を入れた状態でドローインすると、内腹斜筋が使いやすくなって下腹を凹ますことができるはずです。

④腹横筋《ふくおうきん》

ドローイン前後のおなか

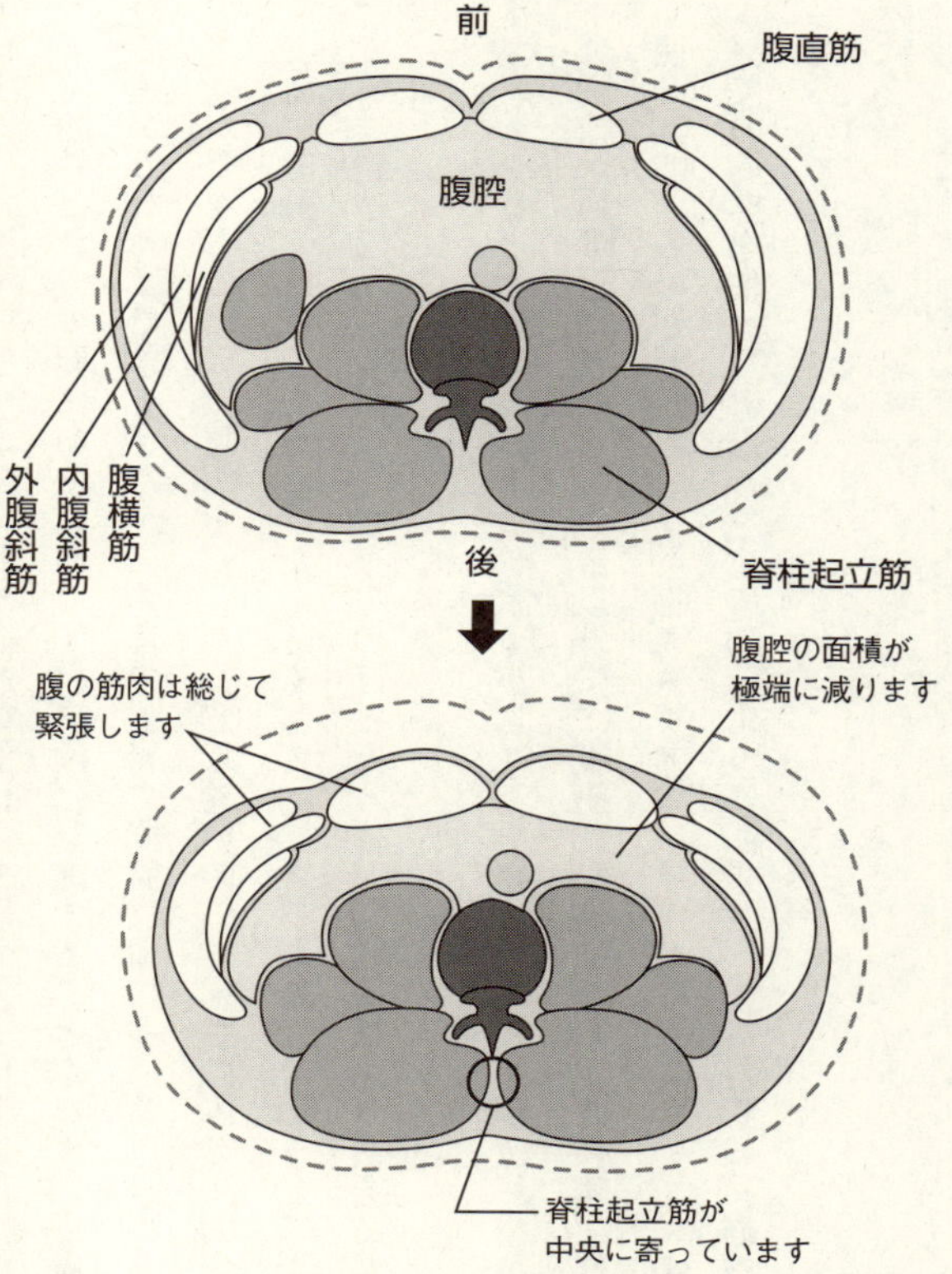

ドローイン中はおなかを取り巻く筋肉すべてが緊張し、腹周りを絞ろうとします。この状態をやがて筋肉が形状記憶し、腹が凹んだままになるのです。

（協力：北原脳神経病院）

ドローインで強く刺激できる、腹巻き状の筋肉。外腹斜筋・内腹斜筋のさらに下にあって、肋骨と骨盤の間にある筋肉です。普段は意識することもなく、皮膚の上から触って確かめたりはできませんが、体幹の前屈や旋回、横に曲げる動きのときに使います。コルセットのように腹部をぐるりと取り巻いていて、腹腔内の圧力を高めて体幹を支え、内臓の位置を支えるはたらきもしています。おなかを凹ませるための「主役」です。腹がぽっこり出てしまう方のほとんどは、この腹横筋が衰えてしまっています。

91ページに掲げたイラストは、平常時とドローインしているときのおなかの断面図です。腹腔が約半分に収縮している以外に、腹筋群だけでなく、背中側の筋肉も連動して使われているのがわかります。植森式ダイエットドローインでは、ぐるり360度すべての筋肉を使っておなかをすぼめるように凹ませ、絞った状態に筋肉を形状記憶させるのです。

◆手ごわい下腹の問題は

理屈をおおよそ理解いただいたところで、大切なのは「日常」でドローインすることだと覚えていただきたいと思います。

本来なら階段を使ったほうがいいのですが、たとえばエレベーターやエスカレーターに乗るときも、そのあいだにおなかを凹ませてみましょう。長くても数十秒。でも、それを繰り返すだけで腹やせの効果は上がります。電車の中で吊り革につかまって立っているとき、一駅分でも構いません。またビジネスマンであれば、会議や打ち合せの最中に実行することだってできます。外回りのとき、信号待ちをしているあいだ……。また、歯を磨くあいだだけドローインするという方法だって考えられます。気負わず力まずに、自分の生活のなかに取り入れていってください。

以前、ある女性モデルさんに運動指導したときの話です。

1回1時間のランニングを週に2、3回行っていて、食事にも気を遣っている方でした。さらに下腹の筋トレもがんばっているといいます。でも、下腹が出ているのを気にしていました。洋服を着ている限り、スタイル抜群のスレンダー美女なのに、です。

カロリーコントロールに有酸素運動、筋トレ。効果的であるはずの全手段をやり尽くしても凹まない下腹に彼女は困りはてていたのですが、やはりそれにはちゃんと理由がありました。姿勢の癖で背中の筋力をあともう少し使えなかったがために、下腹の筋肉を上手に使えていなかったのです。

そこで、肩をこれまでよりも後ろに引いた状態で下腹までおなかを凹ませ、走るときも意識してこれを行うように指導しました。彼女によると、ランニングの目的は体力づくりでなく、あくまでも美容のためとのことでしたので、走る時間を1時間から半分の30分に減らしてもらいました（下腹まで凹ませて1時間だと、かなり過酷になってしまうからです）。さらに、一生懸命続けていた下腹の筋トレもやめていただきました。するとどうでしょう。2週間で下腹のサイズが7㎝減ったのです。

もともと運動をしていた方なので基本の凹ませ方が上手、つまりすぐに筋肉がコントロールできたため、効果が出るのが早かったのだと思います。どんなに走っても凹まなかった下腹が、姿勢を矯正して走るようにしただけで7㎝もサイズダウンした結果には、ご本人もとても驚いていました。

でもこのモデルさんの例を出した理由は、皆さんもそうやって走ってください、ということではありません。根性や気力は要りませんが、背中とおなかの筋肉をバランスよく使うことがそれだけ重要だということです。ただ凹ませればいいのではありません。

おなかを凹ませるのは、「技術」です。洗面所やお風呂などでぜひおなかの動きや姿勢をチェックし、最終的には歩きながら、より大きく凹ませられるようになってください。

私は本来、読書が好きでインドア系。運動指導者といってもジョギングどころか、ウォーキングもエアロビクスも続けられませんでしたが、おなかを凹ませることなら一生続ける自信があります。必要なのは時間をつくって運動することでも、根性でもなかったのです。

この技術は、カラオケに似ていると思うこともあります。最初は声帯や腹筋の使い方がよくわからず戸惑うものの、そのうちいい声が出せるようになり、さらに大きな声が出せるようになり、抑揚をつけるのがうまくなり、といった感じで応用できるようになるからです。

◆消費カロリー40%アップ！

私がこれだけ何度も「日常生活で」ドローインに「慣れる」のが大事、と申し上げるのは、植森式ダイエットドローインは有酸素運動と組み合わせると、さらにその力を発揮するからです。

有酸素運動は脂肪燃焼には有利な運動です。でも部分やせ目的の場合は別に全身運動ではなくとも、脂肪を落としたい場所の筋肉を持久的に刺激してやればいい、という話も1・2章でしてきました。

それまで何もしていなかった方であれば、普段の生活のなかで凹ませるようになるだけでも筋力がついて、いまより確実に締まったおなかになれます。というのも、おなかを凹ませ続ける動きによって筋力がつくだけでなく、筋肉を使うことで、それまでより消費カロリーが多くなるからです。

ここで興味深いデータを紹介しましょう。『スロトレ』（高橋書店）の著者としても有名な筋生理学者である谷本道哉先生（近畿大学）のご協力により、呼気を分析する方法でとったデータです。

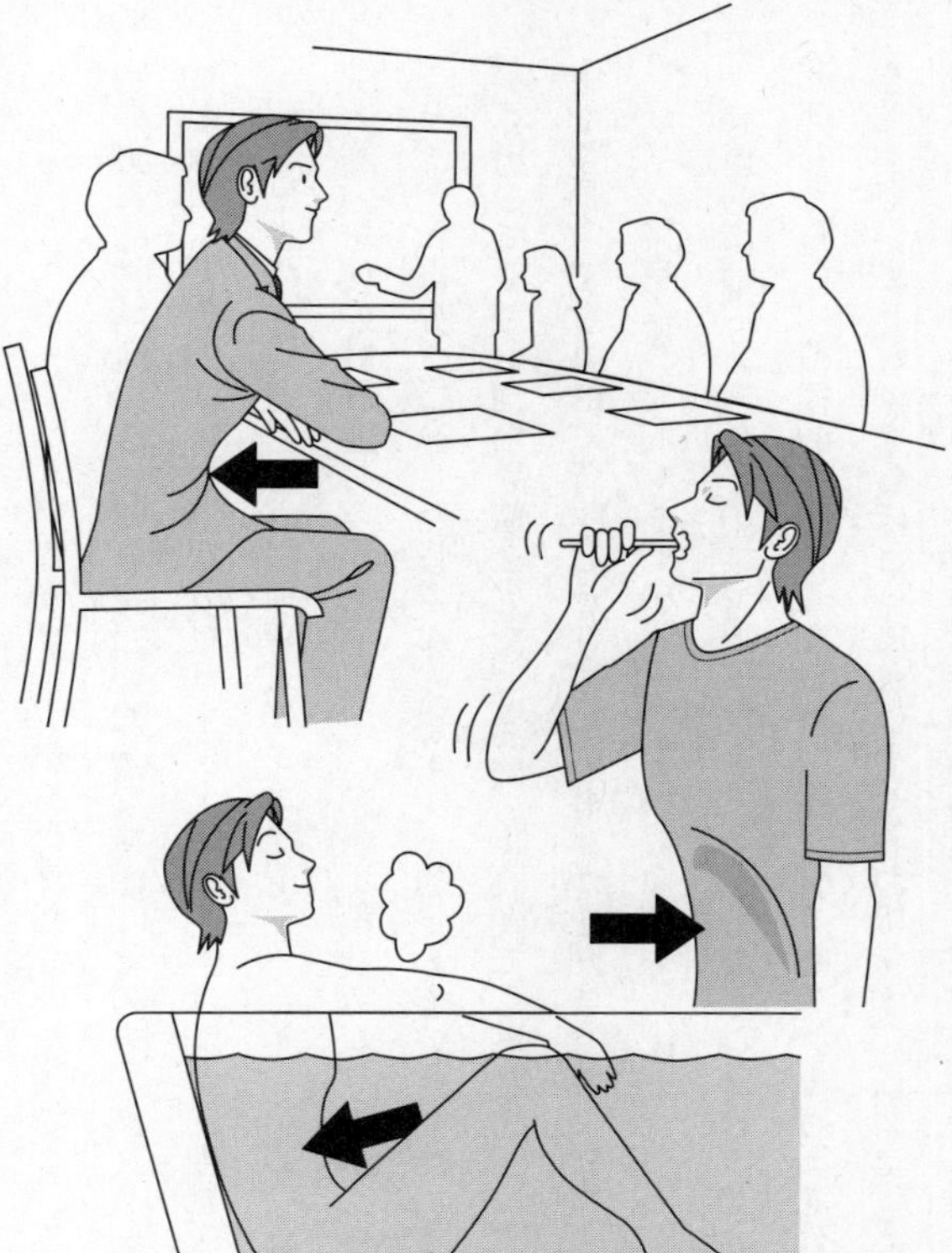

どんなときもダイエットドローイン

朝、歯を磨くとき、電車の中、会議中……慣れてくればドローインはいつでも周りに気づかれずできるようになります。最初のうちはお風呂がやりやすいでしょう。

それによると、私がまったく同じ速さで同じ時間歩く場合で、おなかを凹ませているると通常より43・1%も消費カロリーがアップしていたのです。このときはもう一人、別の方にも被験者になっていただいたのですが、その方も36・9%のアップでした。

ちなみに、大股で歩いて消費カロリーが上がる割合は20%程度だそうです。

同じ早さで歩くとしても、植森式ダイエットドローイン中ならおなかを中心に上半身の筋肉を使い続ける必要があります。結果、消費カロリーがかなり増えるであろうことは、私自身や指導した皆さんの様子から想定していました。とはいえ、谷本先生が算出してくださった数値を見たときは、正直とても驚きました。仕事の打ち合わせ中や移動中、意識的に背すじを伸ばしておなかを凹ませるだけで、私はトータルしてジョギング並みのエネルギーを消費していたのです。

具体的には、あまりダイエットドローインをしなかった日で30分ジョギングしたのと同じくらい、積極的に凹ませた日はなんとジョギング1時間20分相当のエネルギーを使っていました。なるほど、これはやせるわけです。「おなかを凹ませる」という、この「運動らしくない運動」の研究が盛んになり、データがもっと充実することを期

ダイエットドローインしながら歩きましょう

背中を丸めて歩くと
効果が落ちるので
注意！

背すじを伸ばして歩きながらドローインすると、おなかはより早く凹みます。歩き方の細かい注意点は129ページをご覧ください。

待したいところです。

要するに、時間を決めてウォーキング、などと気張らなくても、日常の歩きだって立派な有酸素運動なのです。もちろん個人差はあるでしょうが、おなかを凹ませて歩くことでエネルギー消費量が上がるのは間違いありません。おなかを気にしている人なら、大股で歩くよりもおなかを凹ませて歩くのを優先させたほうが効果的でしょう。

私の指導上の経験からいうと、背すじをしっかり伸ばさずにおなかだけを凹ませて歩くと、おなかやせ効果は落ちてしまいます。詳しい歩き方や注意点は続く章で紹介しますが、とにかく背すじが伸びている歩き姿は若々しくて素敵です。ぜひ、基本の動きからマスターして、颯爽《さっそう》と歩いてください。

第4章

いますぐできる！　究極の腹やせ

◆基本の凹《へこ》ませ方

背すじを伸ばしておなかをギュッと凹《へこ》ませるだけ。植森式ダイエットドローインのメソッドは、実にシンプルです。無条件に凹ませるだけでも、やらないよりはずっといいのですが、やり方次第で効果の出方はかなり違ってきます。ここまでは理論をお伝えしてきましたが、この章ではあえて細かく、「おなかやせ目的のドローインはこうすると最も効果的」というやり方を紹介します。

目的どおりの成果を出すために、間違った方法でクセがついてしまわないよう、基本の凹ませ方を3つのステップで説明します。が、最終的には3つのステップを踏まずに、すっとできるようになることを目指しましょう。焦っても意味はないので、文字どおりじっくり「体得《たいとく》」していってください。

とりあえず本書を読みながらでも、座っていても、寝た状態であっても実践できますが、コツをつかむまでは立った状態で行うのがお勧めです。足の幅も自由で、どんな足幅で立とうと問題ありません。最初は肩幅程度が行いやすいでしょうか。

①背すじを伸ばす

まず、背すじをまっすぐ伸ばしてみます。なんとなく伸ばすのではなく、これ以上は伸びないというところまで伸ばします。目線を最大限高くする感じです。顎《あご》は出さないように注意してください。

背すじを伸ばすことによって、おなかの伸びを感じましょう。鏡で確認すると、背すじを伸ばすだけで腹のたるみがかなり解消されているのがおわかりいただけると思います。おなかの周りについたたるみを引っ張り上げるように、背中だけでなく、おなかの筋肉もはたらいているのです。

背すじが上手に伸ばせないと感じた方は、両手を組んで上に伸びをしてみます。そして、上半身の伸びを維持したままで手を下ろします。手を下ろしても、体がたるんでいない状態をキープしましょう。

簡単なようですが、手を下ろしたとたんに背すじとおなかが緩んでしまう方が少なくありません。息を吸いながら伸びをするほうが簡単なのですが、呼吸をつけなくても、手を使わなくても、上半身がすっと伸ばせるようになることが肝心です。

基本のダイエットドローイン

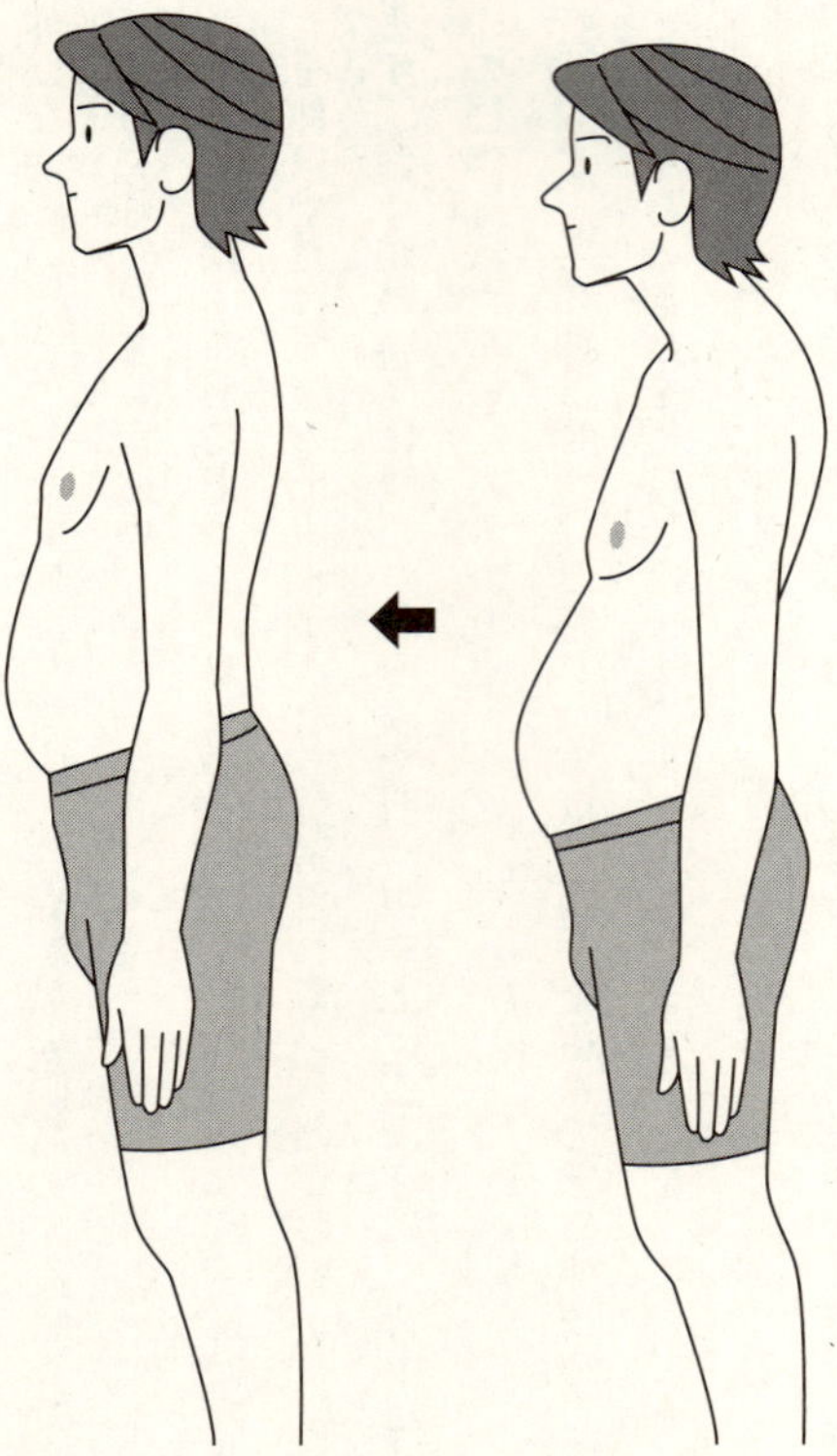

②背すじをまっすぐ、これ以上は伸びないところまで伸ばします。肩に力を入れず、顎を出さないように。

①普段の姿勢がこのように曲がっていると、おなかも出やすいもの。ここから順を追っておなかを凹ませます。

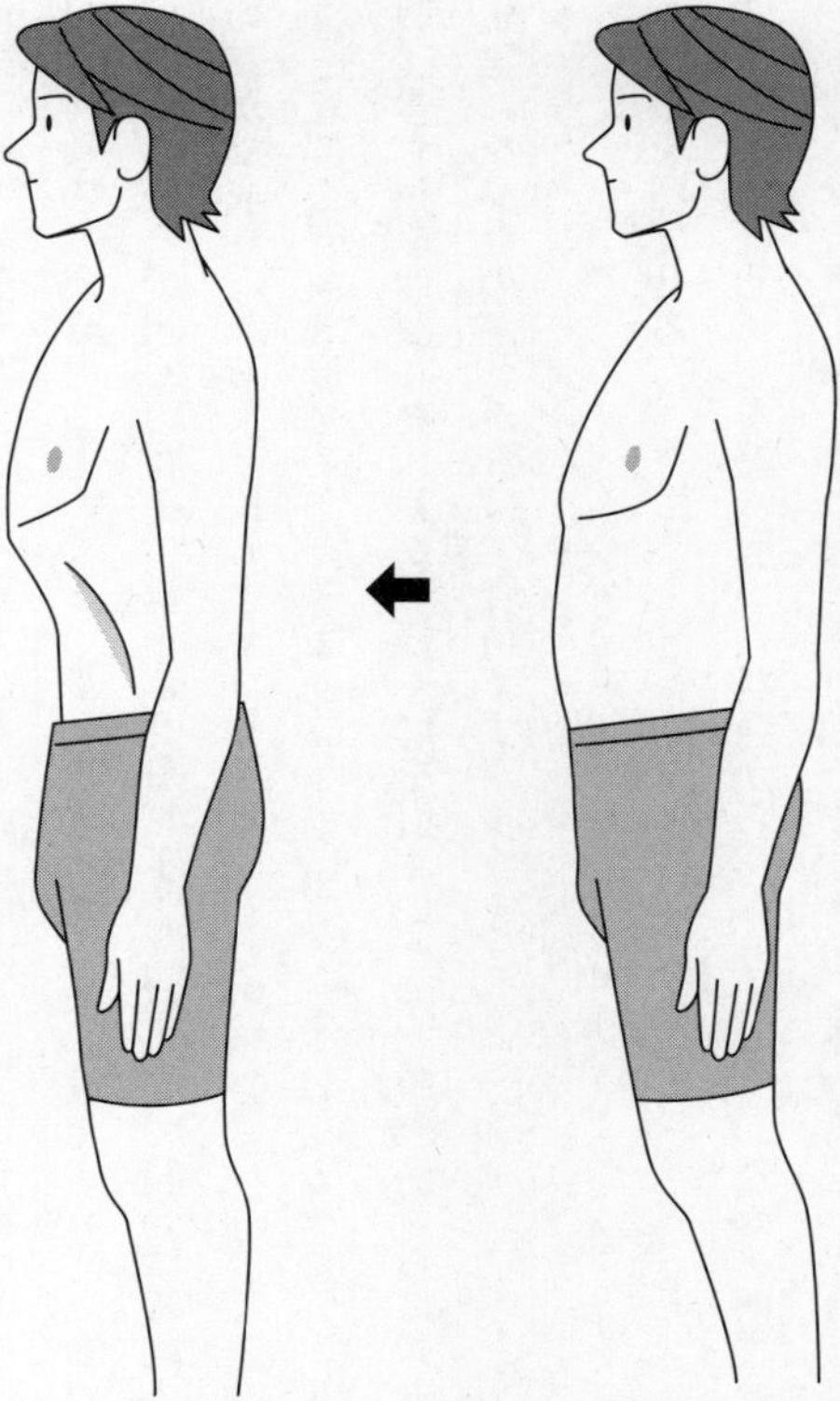

③両肩を意識して後ろに引きます。そのために胸が突き出たり、背中が反り返ったりしないように注意してください。

④ぐっとおなかを凹ませます。息を止めず、肩が上がっていないか気をつけてください。背すじもまっすぐ維持します。

②肩を後ろに引く

次に背すじをしっかり伸ばしたまま、両方の肩を軽く後ろに引きます。ご自分の肩がすっと後ろに動いたか、目や鏡で確認してみましょう。いかがでしょう、肩を上、ではなく後ろに動かせましたか？　肩が上がってしまいませんか？　動きが悪かった方は、腕を後ろで組んで背中に皺《しわ》を寄せる、114ページで紹介する動きを普段の生活のなかで取り入れるようにしましょう。

胸を大きく突き出したり、腰を反《そ》らしたりした姿勢にならないように注意してください。背すじを伸ばした状態から軽く肩を引くことで、腹部がさらにストレッチされた状態になったのがわかれば、合格です。

③おなかを凹ませる

背すじを伸ばし、肩を軽く引いた状態から、より大きくおなかを凹ませます。

どうでしょう？　おなかはしっかり凹みますか？　下腹もしっかり凹むか、動きの悪いところはないか、洗面所やお風呂などで鏡を見て、確認してみるといいでしょう。

気になるところを触りながら行うとわかりやすいと思います。

より大きく凹ませようとすると肩が上がってしまいやすくなりますが、肩を上げてはいけません。そして、息を止めてしまってもダメです。おなかを凹ませた際に背中が丸まらないようにもしてください。たかがおなかを凹ませるだけ、と思いきや、慣れない動作は意外に難しいものなのです。

この3つの注意点について、少し詳しく解説しましょう。

◆肩の力を抜く

大きくおなかを凹ませようとするほど、8割の方は力んで肩に力が入りすぎてしまうもの。いわゆる「怒り肩」になってしまう方もいます。その状態だと、肩の力を抜くと同時におなかの力も抜けてしまいやすく、凹ませている最中も息が苦しくなるばかり。おなかを凹ませているとなんだか肩が凝《こ》る、そんなふうに感じるようでしたら、肩に力が入っている証拠です。

実際にやってみると、姿勢を崩さず、あくまでもおなかだけ大きくすぼませるように凹ませるのは案外と難しいものですが、これも筋肉のコントロールです。

たとえばアンジェリーナ・ジョリーは、顔の他の筋肉を動かさずに片方の眉だけをきゅっと持ち上げる、いたずらな表情が得意です。すばらしく筋肉コントロールできているわけです。両方の眉を上げるか、おでこに皺を寄せれば眉を持ち上げるのは難しくありませんが、日本人でみごとな「片眉上げ」ができるのは野球のイチロー選手くらい？　俳優さんでもできる人はなかなかいないでしょう（ちなみに私も挑戦し、3ヵ月かけてようやくできるようになりました。ただしチャーミングというよりただ怪しいだけ。人前ではできません）。

考えてみれば、若い女の子のあいだで流行った「アヒル口」も、ある意味で顔の筋肉をコントロールして作る表情です。腹を凹ませるのも筋肉のコントロール、いわば「技術」です。動きそのものがハードだと嫌になりますが、そんなことはありませんから楽しむくらいのつもりでどうぞ。あまり神経質にならず「できるだけ肩の力を抜く」程度の意識で始めてみてください。最初は意識しないと抜けなかった肩の力も、何度も繰り返すうちに慣れてきて、上手に緊張が解けるようになっていきます。

怒り肩にご注意

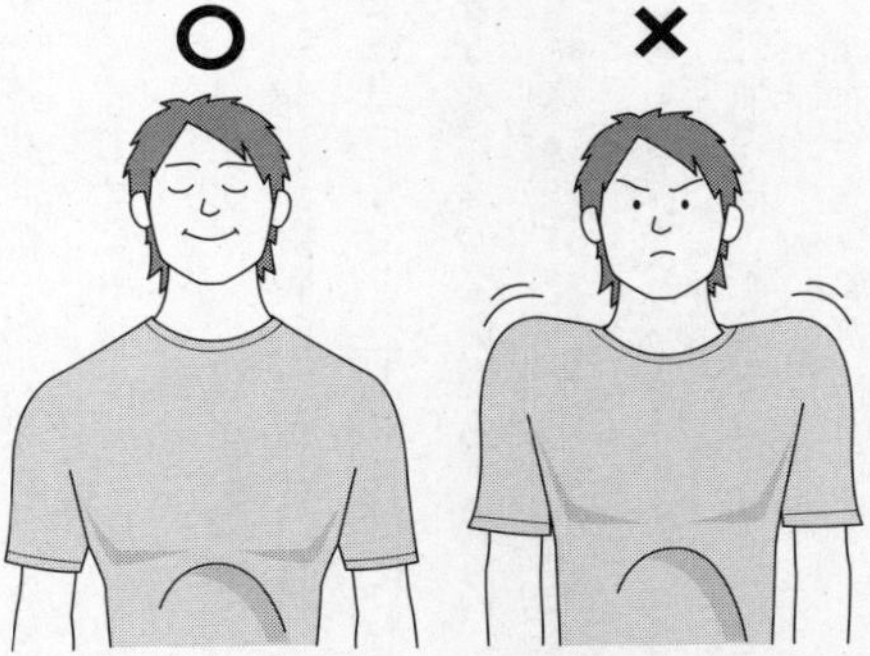

ドローインしていると肩が凝る、という方は肩に力が入りすぎています。
首をすっと伸ばすことを意識して、肩が上がらないようにしましょう。

どうしても肩が上がってしまう方は、肩を下ろした状態で指先を太腿《ふともも》につけ、その指を動かさないようにして凹ませたり、座った状態ならイスの座面を軽くつかんで、肩を動かさないように固定して凹ませてみるのも一つの方法です。

◆息は止めない

巷《ちまた》にはピラティスやヨガなど、呼吸と連動させて行う健康法が多くあります。でも植森式ダイエットドローインではあくまで普段の自然な呼吸が基本です。息を大きく吸ったり吐いたりしながら、つまり呼吸を連動させて横隔膜を上下させながらのほうが、実はおなかを大きく凹ませやすいのですが、大きければいいというものではなく、それだと「おなかやせの形状記憶」の効果が低くなります。

すごくまじめにドローインに取り組んでいるにもかかわらず、ちっともサイズが落ちないという男性がいました。おかしいなと思ったら、大きく凹ませようとする一心で肩と一緒に横隔膜が上がり、息を止めた状態で凹ませていたことがわかりました。これでは息をしたとたんに一気におなかの力も抜けてしまいます。怒り肩で息を止め、真っ赤な顔になっていたら、周りにも「どうしたの？」と聞かれてしまいます。とにかく、特殊な呼吸で凹ませる方法は、体力的にも普段の生活のなかで何回もやれるものではありません。スポーツのパフォーマンスを向上させるときなど、あえて大きな呼吸と連動させて行うドローインもあるようですが、おなかやせ目的なら、呼吸はあくまで普通がいいのです。

ともあれ息を吸ったり吐いたり、止めたりしないとおなかを凹ませられないようでは、形状記憶効果だけでなく脂肪燃焼効果も低くなります。あくまでも呼吸に頼らず

息は止めない
息が止まらない範囲で、
より大きく、より長く凹
ませよう！

に筋肉をコントロールしていきましょう。息が止まるほど最大限凹ませないと効果がないわけではありません。むしろ「息を止めずに凹ませる」ほうを重視して、凹ませる度合いを加減してください。他人に悟られることなく、より大きく、または長く、自分の目的に合わせておなかを凹ませるのです。

息を止めないとおなかを凹ませられない、という状態を脱するためには、人と話をしながら凹ませるのがいちばんのお勧めです。他には歩きながらなど、息を止められない状況を作り、体が硬直しない状態でやってみましょう。

◆腹やせに不可欠な背中の力

おなかをなんとかしようと思うとそこにばかり目が向きがちですが、理想のおなかを作るには、実は背中の力がとても重要です。おなかを平らにするには背中側の筋肉をバランスよく使う必要があります。

基本のダイエットドローインでおなかを凹ませようとすると、背中が丸まってしまう方がいます。なぜかというと、もともと腹直筋を中心とした腹筋群には上体を丸めさせるという役割があるからです。だからこれはある意味で自然な動きといえるのですが、背中が丸まった状態でおなかを凹ますのと、背中を立てて、ある程度の緊張感をもたせてから凹ませるのとでは、刺激できる筋肉の種類や強さが変わってきます。

また、背中を丸めた状態でおなかを凹ませるのは、姿勢も形状記憶することを考えると、日常生活のなかで頻繁に行うには適当ではありません。いわゆる猫背の姿勢がわかりやすいのですが、肩凝り、腰痛、膝痛のリスクが増大するだけでなく、内臓を

ダイエットドローインで鍛えられる背中の筋肉

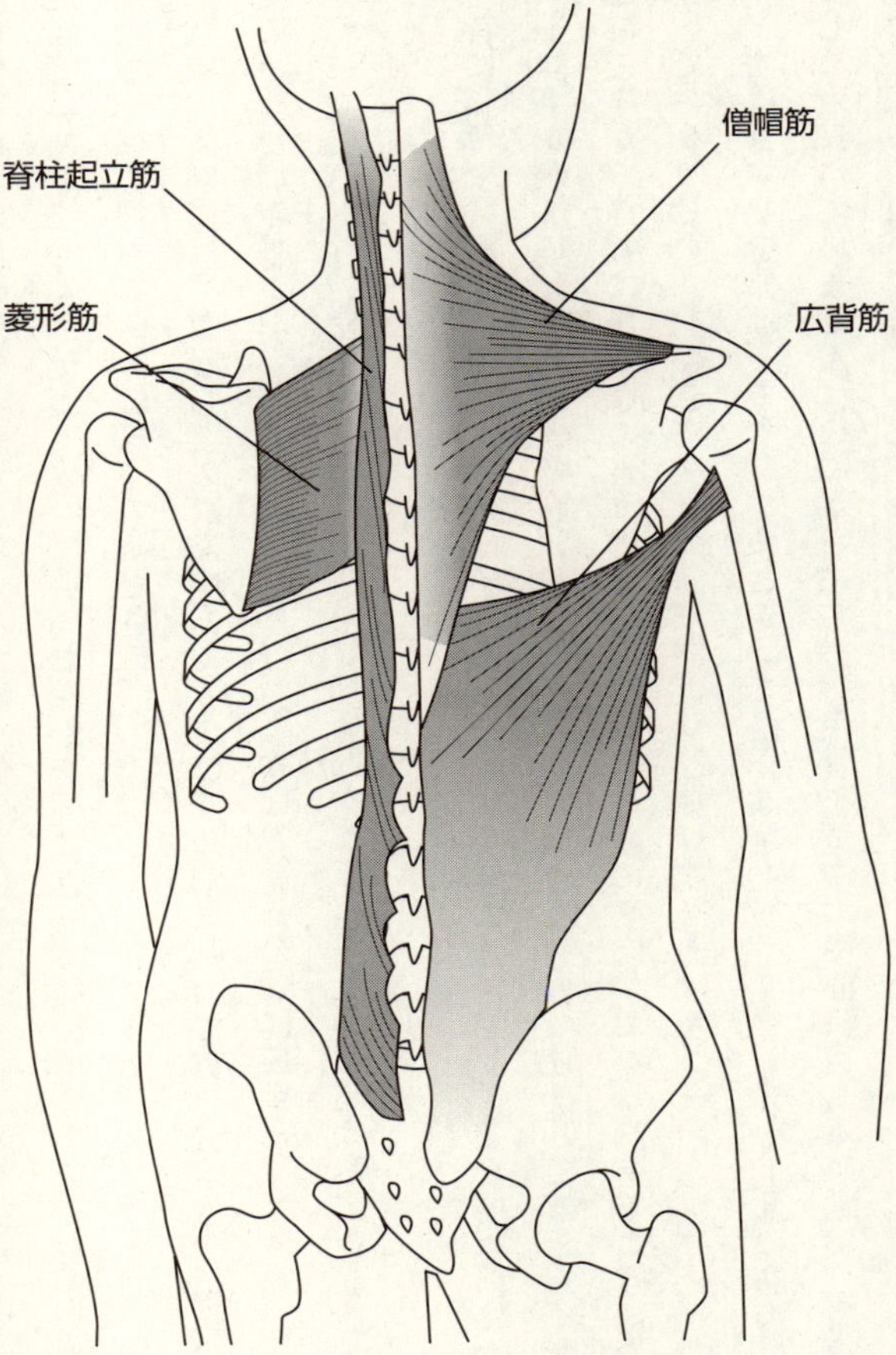

圧迫するために血の巡りが悪くなるからです。体の老化を加速させる姿勢といっても過言ではありません。健康とカッコいいおなかを両立させて維持するのに、背中の力が大きく鍵を握っていると思ってください。

背中の筋肉には、首から背の真ん中あたりまで三角形に張って首を支える僧帽筋《そうぼうきん》、奥のほうで肩甲骨《けんこうこつ》を引っ張っている菱形筋《りょうけいきん》、脊柱の後ろを縦に長く守って体をまっすぐに立てる脊柱起立筋《せきちゅうきりつきん》、腋の下から脊柱に向かって広く上体を支える広背筋《こうはいきん》などがあります。

特に猫背や肩凝りに関連するのはインナーマッスルである菱形筋。菱形筋以前にコントロールが不可欠なのが広背筋。おなかと同様に様々な動作で連携してはたらく背筋群ですが、猫背にならないよう肩を後ろに引くときの筋肉がおなかのありように影響しているのです。本書を読みながら、ちょっと使ってみましょう。

まずは背すじを伸ばします。このときはまだ脊柱起立筋主導で、背中上部の筋肉は少ししか使っていません。ここから左右の肩甲骨を背中の中心に寄せる感覚で、肩をグッと後ろに引いてみてください。

背中の筋肉を鍛えよう

後ろ手にお尻の中央あたりで手を組みます。肩をぐっと後ろに引きましょう。背中にちゃんと皺が寄りますか？

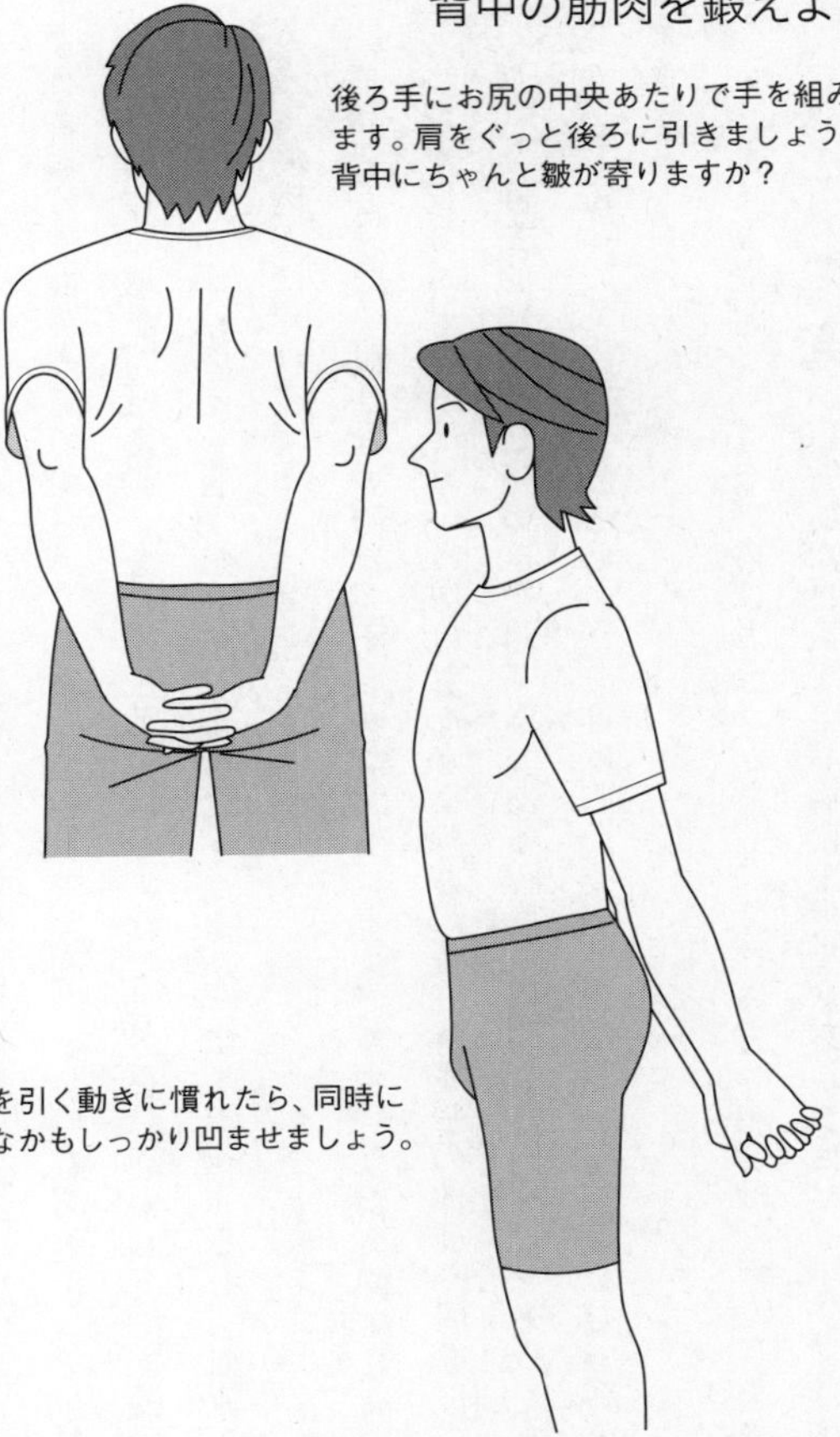

肩を引く動きに慣れたら、同時におなかもしっかり凹ませましょう。

背中の血行がよくなるため、肩凝りしやすい人にも、とてもお勧めです。

うまくできない方は、肩関節が固くなっていたり菱形筋が弱くなっている可能性もあります。今度は前ページのイラストのように後ろで手を組み、背中にたくさん「皺」を作るようにしてみてください。肩凝りや猫背の傾向が少しでもあるようでしたら、この、背中に皺を寄せる動きを日常生活に取り入れることをお勧めします。長時間のデスクワークが続いて、肩が張ってしまったようなときにも実行すると、血流がよくなって筋肉がほぐれます。

肩甲骨がうまく動かない方は、下腹がコントロールできず、うまく動かせないことも少なくありません。そういう方はおなかよりむしろ、背すじの伸びや肩を後ろに引く動きを優先的に意識していきましょう。ある程度、背中の筋肉をコントロールできるようになったら、背すじをしっかり伸ばした姿勢でおなかを凹ませる力を高めていきます。

たいして脂肪はついてないのにおなかがたるんでいる方の場合は、背すじをまっすぐに保つ脊柱起立筋や広背筋が衰えている場合が少なくありません。伸びていない腹はたるみ、伸びている腹はたるまないのです。

背すじを日常生活で意識するだけでも、腹のたるみはかなり改善できます。

仕事でパソコンに向かう時間が長い方はどうしても胸が縮まって、背中が丸まりがちです。「デスクワークが長い」「姿勢がいいとはいえないな」という自覚のある方は、軽く胸を張るくらいの感覚でちょうどいいでしょう。

◆腰が弱い人は尻を締める

「あちらを立てればこちらが立たず」ということは、皆さんの周りでもよくあるかもしれません。「バランスよく」というのは、口で言うほど簡単ではありませんね。

背中の力を鍛えるために、背すじを伸ばして肩を軽く引く。このとき、肩を引こうとしたとたんに、微妙に腰を反らした姿勢になってしまうことが少なくありません。肩を引くことを、他の筋肉を動員させてなんとか助けようとしてしまうわけです。でも、これは正しくないサポート。これではドローインをしているうちに腰が痛くなってしまう可能性が出てきます。

腰に痛みや疲れを感じやすい方は、「お尻の穴をきゅっと締める」ようにしてみてください。「このお尻を締める」という動きは、下腹に力が入りにくい方にもお勧めです。

ちなみに、お尻の穴を中心に意識して締めることで、内臓や腹筋を下から支えている骨盤周りの筋肉、骨盤底筋群《ていきんぐん》も刺激することができます。骨盤底筋群を鍛えると、男性は前立腺肥大などの、女性は尿漏れや婦人科系の病気などの予防になるともいわれています。

腰が痛くなりやすい方は、自覚はなくてもとかく姿勢に問題があることが多く、「いい姿勢」を意識したために長年、腰痛に悩まされていたタレントさんもいました。普段、少し胸を張りすぎた状態であったり、腰がやや反り気味だったのです。おなかを凹ませるときに限らず、腰に痛みや疲れを感じたときはお尻の穴を締めるようにしてみましょう。特に女性の場合は、ヒールの高い靴を履いているときにどうしても腰が反り気味になるので、気をつけてください。

ただし、お尻を締めると今度は背中の力が抜けてしまうことがよくあるので注意してください。繰り返しますが、これら一連の動きが同時に行えるようになることが大切です。

さて、ここまでの諸注意を読んで「そんな細かいことを言われたって……」と思われた方もいるかもしれません。自分は正しい姿勢でドローインできるか、不安になった方もいると思います。そんな人はまず壁を使って一気にコツをつかみましょう。専門家に頼らずとも自分のクセに気づくことができます。

◆壁を使えば簡単！

基本の姿勢をとても簡単に確認できる、壁の使い方を紹介しましょう。

踵《かかと》をしっかりと壁につけた位置で立ちます。そして後頭部から肩（肩甲骨全体）、二の腕とお尻も壁につけます。「背すじの伸び」と「肩を引く」動作を壁の前で行っている、とイメージしてください。

次におなかを凹ませます。下腹も壁に押しつけるように大きく力を入れて凹ませていくと、おのずと背中側やお尻にも力が入ります。姿勢を崩さずに下腹を凹ませるには、おなか以外の筋肉の力を必要とすることが実感できます。

壁を使って正しい姿勢を覚える

〈壁につけるポイント〉

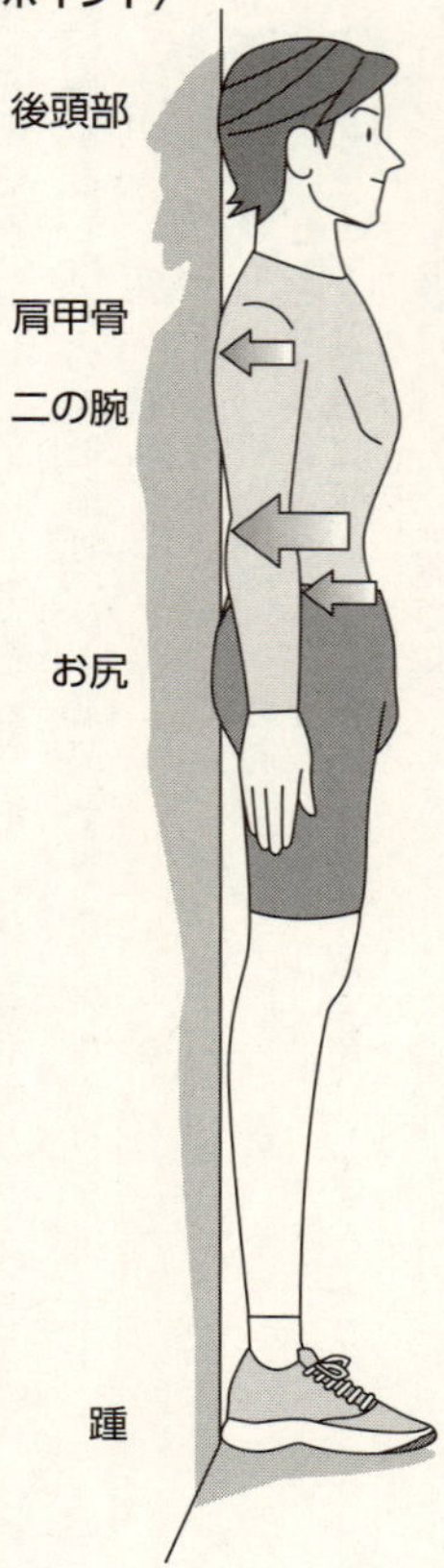

体全体を壁に押しつけるように立ってみましょう。このポーズでつらく感じるところが、あなたの弱点ということです。

大切な点は、どんなにおなかを凹ませても最初の基本ポジションは崩さないこと。頭や背中が壁から離れてしまいやすいのですが、あくまでも基本の立ち姿勢のラインはそのままに保ちつつ、おなかだけをすぼめるように凹ませるのが基本です。

とはいえ、すぐにできない方が大多数。壁に肩をつけようとするとおなかの力が抜けて緩んだり、肩が上がったり、おなかが出てしまったりしやすいのです。体全体をできるだけ壁にぴったりとつけるように、大きくおなかを凹ませましょう。いちばん多いのは、肩を引こうとすると腕に力が入ってしまう方。そんな方は肩関節が固いか、背中の力が弱いのです。壁を使って、ご自分の弱点を客観的につかみましょう。

うまくできなくても落ち込むことはないですよ。よくないのはできないことではなく、できない人がそれを自覚しないこと。あとは、ずっとできないままでいることです。「耳、肩、股関節、膝、くるぶしの5点が、ほぼ一直線に並んだ状態」が理想的な姿勢、と聞いたことがあるかもしれません。念のため補足しておきますと、立っているときは常にそんな姿勢でいてください、ということではありません。普段の姿勢をこのような状態に近づけ、さらに保つよう、心掛けるだけでいいんです。

体の5ヵ所を一直線に

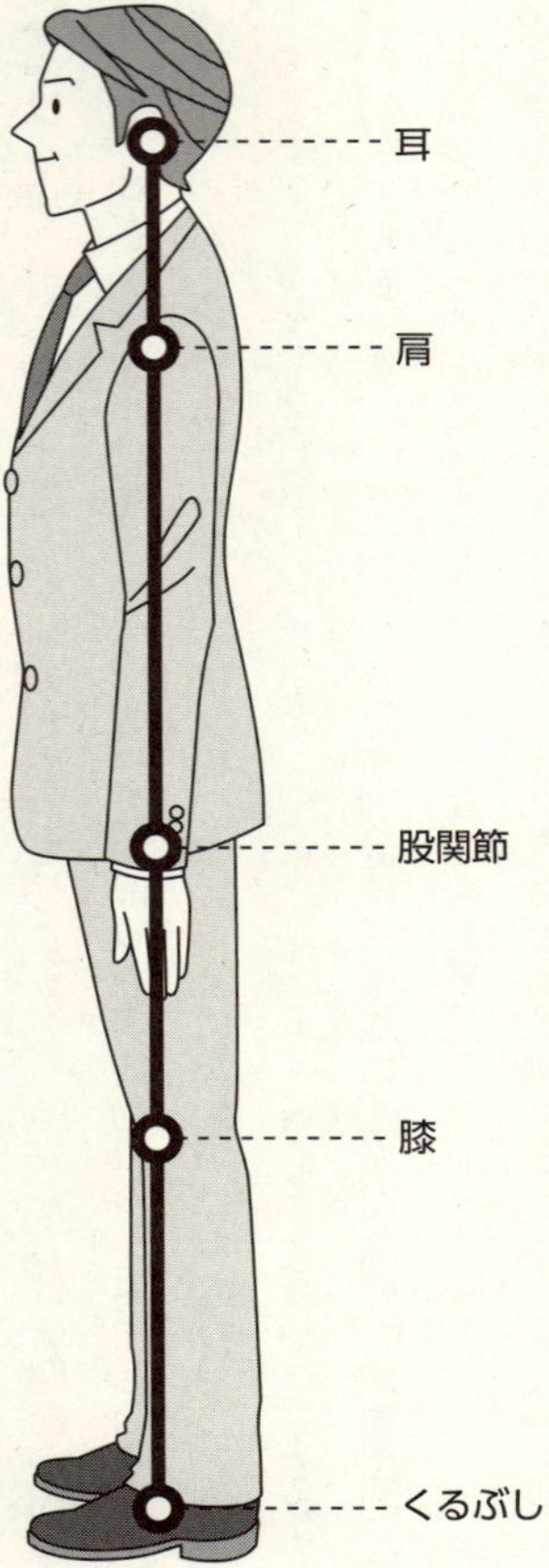

自分ではわかりにくいこの姿勢が、120ページの方法なら簡単に完成させられます。

個人の体にはどうしても長年のクセがあり、自己流になってしまいがち。立ち方のクセを修正するのは、人によって時間がかかるかもしれません。でも「まっすぐ立つこと」は体のコンディションを良好に保つうえでも不可欠です。壁がないときも、ご自分の後ろに壁があるとイメージするとよいでしょう。

これさえできれば、あとはこの基本姿勢でいかにおなかを大きく、または長く凹ませるか。この2点を追求していくことで、かなりハイレベルなおなかやせが可能になります。さあ今日から、エレベーターに乗ったらすかさず壁ぎわを確保しちゃいましょう。

◆いつでもどこでも、好きなだけ

パソコンのキーボードに初めて触ったときを思い出してみてください。はじめは難しいと思ったものごとも、続けるうちに楽にできるようになっていくもの。だから、無理をする必要はまったくありません。ゴルフやテニスなどのスポーツと同じで、ひとっ飛びには達人になれなくて当たり前です。

ただし歯を「磨く（意思）」のと「磨けているか（結果）」では話が違うように、おなかを凹ませるのと、実際に凹んでいるかは違います。実際に凹んでこない方は、ドローイン時に動きの悪いところはないか、面倒がらずにぜひ自分の目や鏡でチェックしてみていただきたいと思います。おなかを締める筋力の高め方次第で、さらに平らなおなかにすることができます。

漠然と取り組むより、客観的な判断材料として数字をぜひ利用したいところ。忘れないうちにいまのサイズを測って、手帳の片隅にでも記録しておきませんか？

日常生活のなかでドローインする場合、最初のうちは先述したようにどうしても肩が上がりがちになりますから、職場などではやや挙動不審となるかもしれません。抵抗を感じるようでしたら、はじめはトイレの中や自宅の洗面所の鏡の前など、周りに人がいないところで行うといいでしょう。

お勧めはお風呂です。密室で人目も気になりませんし、おなかの動きがよくわかります。またお湯の中ですと、温まっておなか周りがほぐれているうえに水圧がかかるため、より大きく凹ませられます。今日から入浴時の習慣として始めるだけで、今後のおなかはまったく違うものになると思います。

回数や時間はどのくらいやればいいのかといったご質問を受けることがありますが、それも人によります。わかりやすいたとえとして腹筋運動を出しますが、1回しかできない方なら2、3回できちんと負荷になるけれど、10回やって楽勝の方なら、10回では現状維持程度の効果しかないのです。そういった意味で、植森式ダイエットドローインにマニュアル的な制約は一切ありません。

どうしても目安がほしい方は「最大限の力で30秒間、これを最低1日に1回」をとりあえず試してみてください。たとえば1ヵ月やってみて、もっとおなかを変えたいと思ったら、回数を増やすなど、目的に合った形で負荷をプラスします。脂肪を落としたい場合には「緩めの力で、自分ができる最長時間」という見当でどうぞ。私の場合は、最大限に凹ませるのを100％とすると、50％くらいの凹ませ加減で歩くのがお気に入りです。もっと大きくおなかを凹ませたままでも長時間歩けるようになりましたが、それをやると普通の運動並みに疲れるので、そこまではやりません。ストイックではないもので。そうですね、飲み会が続いているときなどには、普段よりがぜん張り切って凹ませています（笑）。

基本のおなかの凹ませに慣れてきたら、さらにご自分の目的にシフトさせるとよいでしょう。筋力アップか脂肪燃焼か。生活スタイルや性格なども考慮しつつマイペースでコツコツと実践してください。

◆「30秒ドローイン」でサイズを落とす

コツコツやりましょう、とお勧めしてもなかなかモチベーションが続かない方も、なかにはいらっしゃると思います。まさに私がそうですが、女性はすぐに結果を求める傾向があるようです。1日でも早く成果を出したいという方の要望に応える方法を紹介しておきます。

前ページで少し触れましたが、方法は簡単。これ以上は凹ませられない！というくらい全力で基本のダイエットドローインをし、普通に息をしながら30秒続けるだけです。

1日1回たった30秒だけでも、2週間もすればおなかの見た目が変わってきます。

やってみるとわかりますが、ハードな腹筋運動ほどキツくありませんので、ご自分の腹に活《かつ》を入れるつもりで、ともかく30秒間おなかを凹ませてみてください。

もし2週間毎日30秒ドローインを行っているのになんの変化も感じられない場合、まず、ちゃんとおなかが凹んでいるかを確認してみてください。基本の姿勢を意識するのが精いっぱいで、おなかがほとんど動いていない、つまり凹んでいないことがあります。これでは、サイズは落ちなくても無理ありません。もっと凹ませるように行ってみてください。

トレーニングとしての30秒ドローインは30秒間キープするだけで1セットとカウントします。1回たった30秒なので、がんばり屋さんなら3セットくらいやるのもあり。血圧が上がらないよう、慣れるまでは息が止まらないように声を出して数えるといいでしょう。欲が出てきたら、7章のメニューにも挑戦してみてください。

個人差はあるものの、1回目よりも2回目、2回目よりも3回目と、おなか周りの筋肉が内臓を締めつける力がついてきて、凹ませられる幅がだんだんと大きくなる実感が得られると思います。つまり「コルセットのように腹周りを締めて、支える」という、腹筋群本来の力が強くなっているのです。特に腹横筋が形状記憶を始めて、いい意味で力が抜けにくくなってきます。必ず毎日でなくても問題ありません。かける時間はわずかでも、確かな手応えを感じられるはずです。

ある会社員の方は忘年会シーズンだけセット数を少し増やしたそうです。結果、「体重は増え気味なのに、毎年出てくるおなかが今年は出なかった！」とか。指導者冥利《みょうり》に尽きる話です。

◆脂肪がメラメラ燃える「歩きながらドローイン」

止まった状態でのおなか凹ませに慣れてきたらぜひ取り入れたいのが、歩きながらのダイエットドローインです。繰り返しになりますが、わざと時間を作って歩いたりせず、普段歩いているときに意識して加えるだけで結構です。

これまでさんざん歩いてもやせなかったという方は歩き方が悪かったはず。歩き方を変えると、本当に体型は変わっていきます。毎朝ウォーキングしても1kgもやせなかったのに、ただおなかを凹ませて歩くようにしたら6kgもやせた、という方もいました。

歩くことには健康にいいという漠然としたイメージがありますが、ただ漫然と歩くのは、体にとっては「運動」というより「日常生活」です。ブラブラ歩きは気分転換やストレス解消にはいいとしても、腹やせ効果はまったくといっていいくらい期待できません。目的意識をもちましょう。

ご参考まで。「スタミナをつけたい」方は、速めに歩いて心臓の鼓動を速めることが大切です。運動の強度が上がれば心拍数が増え、心肺機能を刺激できるからです。階段をのぼりおりする際も、おなかの筋肉を緩めないよう注意しながらスピードを上げてみてください。

「脚力をつけたい」方は歩幅を広げます。できるだけ脚全体を大きく動かし、筋肉を動かすことを意識して歩いてください。階段はゆっくりでもいいから、2段飛ばしでのぼります。

いずれにしても、歩きながらでも基本の姿勢を大切にするのが効果を高める秘訣です。たるみが気になる方は背すじの伸びを、背中の力が弱いと思うなら肩を意識的に引きましょう。コツはできるだけ目線を高く保つこと。これだけで、歩き方はぐんとカッコよくなります。

よりおなかを凹ませれば確実に腹やせ効果が出るわけですから、ちょっと自分をいじめる歩き方も試してみる価値はあります。ズボンやスカートのベルトの穴をいつもより2個ほど、内側に締めた状態で、おなかにベルトが食い込まないように歩くのです。これは効きますよ。ちょっと宣伝になりますが、私のホームページではダイエットドローイン専用のベルトも紹介しています。興味のある方はご覧になってみてください。

ダイエットドローインしているとロボットのような歩き方になってしまう、という方もいらっしゃると思います。でも、おなかの凹ませ方は加減していいのです。わざわざ時間を作って行うトレーニングだと面倒ですが、歩くことは日常動作。会社から駅に向かうとき、書類を届けに別のフロアに行くとき、ちょっと意識をするうちに、だんだんとできるようになっていきます。

くれぐれもご注意いただきたいのは、背すじをきちんと伸ばす、立てること。体幹部をしっかりと立てる力が弱いままで大股で歩いたり、早く歩いたりすると、腰、膝、股関節を痛めかねません。私は整形外科で運動療法の指導をしていたこともあるのですが、その病院にもそういった患者さんが少なくありませんでした。上半身の力が足りないと下半身に負担がかかることは、ためしに上半身を思い切り脱力して10歩ほど歩いてみると実感できます。

歩数や速さ、歩いている時間よりも、ずっと大切なのは「運動の質」なのです。

第5章

どんなおなかにも処方箋はある

◆内臓脂肪は減りやすい

　さて、いかがでしょうか？「おなかやせできそうだ」という手応えはつかめましたか？

　一般的に人は就職や結婚をきっかけに太りやすくなる傾向があり、全体的には、30歳を過ぎると1年に0・5～1kgくらいずつ増えていくようです。まったく気を遣っていないわけでもないのに、気がつけば若い頃より10kg単位で体重増、というケースはまったく珍しくなく、むしろよくある話。健康保険組合などは、そんな皆さんに「メタボに注意！」としきりに呼び掛けていることでしょう。

　女性ならご存じの方も多いと思いますが、肥満体型はお尻から太腿《ふともも》にかけた下半身にたくさん脂肪がつく「皮下脂肪型（洋ナシ型）」と、おなかの内臓の周りに脂肪が溜まる「内臓脂肪型（リンゴ型）」に分けられます。このうち高血圧や高血糖、動脈《どうみゃく》硬化性疾患《こうかせいしっかん》といった生活習慣病のリスクがぐんと高いのは、内臓脂肪型です。

　おなか全体が前に突き出ているのに皮下脂肪であるおなかの肉がつまみにくいようだと、内臓脂肪が多くなっている状態と考えられます。

日本肥満学会が2005年に出した基準では、男性の場合はウエストサイズが85㎝以上、女性では90㎝以上あるかないかが内臓脂肪型肥満の目安の一つです。また厚生労働省も、この基準をもとにメタボリックシンドロームの予防と解消を呼びかけています。ただし、これは身長が高い男性なら、簡単に超えてしまう数値。基準が厳しすぎるといった専門家の指摘もあり、今後変更になる可能性も小さくなさそうです。

単純な基準で健康体でもメタボ扱いされる方には気の毒な限りですが、男性にこの「内臓脂肪型肥満」が多い傾向があるのは確かでしょう。でも様々な研究で、内臓脂肪は皮下脂肪よりもずっと落ちやすいことが確認されています。一方の皮下脂肪型肥満は、内臓脂肪型ほど健康に悪影響はないと考えられていますが、やはり脂肪が多すぎれば疲れやすくなったり腰痛なども起こしやすくなりますから、油断はできません。

内臓脂肪、皮下脂肪、いずれにしても腹部についた脂肪を落とすなら、植森式ダイエットドローインは、他のどんな運動よりも有効と断言できます。「内臓脂肪型」と判定された方も落胆せずに、どうぞ今日からダイエットドローインに励んでください。

◆あなたの腹はどのタイプ？

メタボの基準はいま見てきたように画一的ですが、脂肪や筋肉量、おへその位置や骨格等により、実際のおなかはまさに様々です。現在の体型やおなかの状態によって、どんなことをどう行うといいかも違ってきます。本格的な肥満体型の方と、超スリムで下腹だけ気になるという方とでは、お勧めのやり方が違って当然ですよね。

そこで本章ではおなかのタイプを6つに分類。左ページの表に、簡単に特徴と処方箋をまとめました。イラストでは男性のおなかを描いていますが、女性の場合も、最もご自分に近いタイプを参考にしてください。なお体脂肪率については、女性は表にある数値からプラス10％を目安にします。

さて、あなたのおなかは何タイプでしたか？

以下、順を追って詳しく見ていきましょう。ご自分に最も近いタイプを見つけて、今後のおなかやせの参考になさってください。

①本格メタボ肥満・太鼓腹

タイプ別のおなかやせ（概要）

体型	腹の形		体脂肪率（%）	主な原因	処方箋
本格メタボ 肥満	太鼓腹	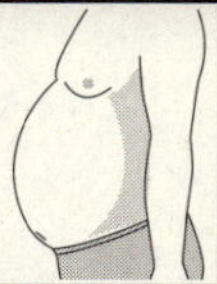	26～	運動不足 大食	まずは凹ます力を増す
筋肉質系	筒型固太り	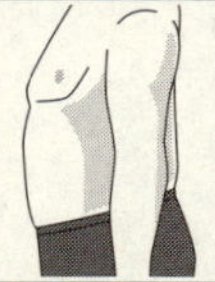	20～25	大食	歩きながら凹ます
中肉中背	たるみ腹	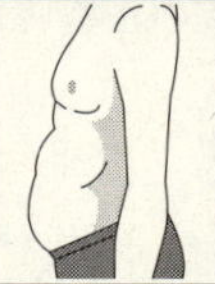	19～24	代謝の低下	無理なくカロリーOFF
中肉中背	寸胴腹	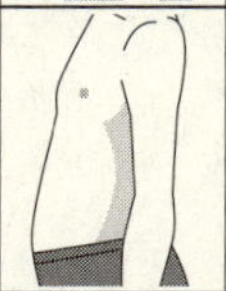	17～23	加齢 環境変化	30秒 凹ませる
一見スリム	腹だけ 脂肪過多	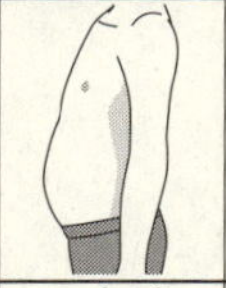	13～18	筋力不足 タンパク質不足	湯船の中で凹ます
一見スリム	下腹だけ ぽっこり	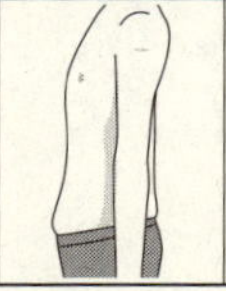	10～17	背中の 力不足	肩を引いて凹ます

※女性は体脂肪率をプラス10%

②筋肉質系・筒型固太り
③中肉中背・たるみ腹
④中肉中背・寸胴《ずんどう》腹
⑤一見スリム・腹だけ脂肪過多
⑥一見スリム・下腹だけぽっこり

①本格メタボ肥満・太鼓腹（体脂肪率26％〜）

本格メタボ肥満の方は、学生時代に比べて体重は30kg以上も増加し、若い頃とは別人のような方が少なくありません。マイペースな傾向があり、基本的に食べること、飲むことが大好き。仕事はデスクワークが多いようです。スポーツクラブに通ったりしたことはなく、ライフスタイル的にどうしても余ったエネルギーが脂肪としておなかの周りに蓄えられがち。ご本人としてはそうした生活が体型に結びついていることに納得ずく、つまり「確信犯」的に太っている方が多い気がします。

①本格メタボ肥満で太鼓腹の人

体重の増加が著しく、胸の下からおなかが前にせり出しています。出っ張りのわりにおなかの肉はつまみにくいのが特徴です。

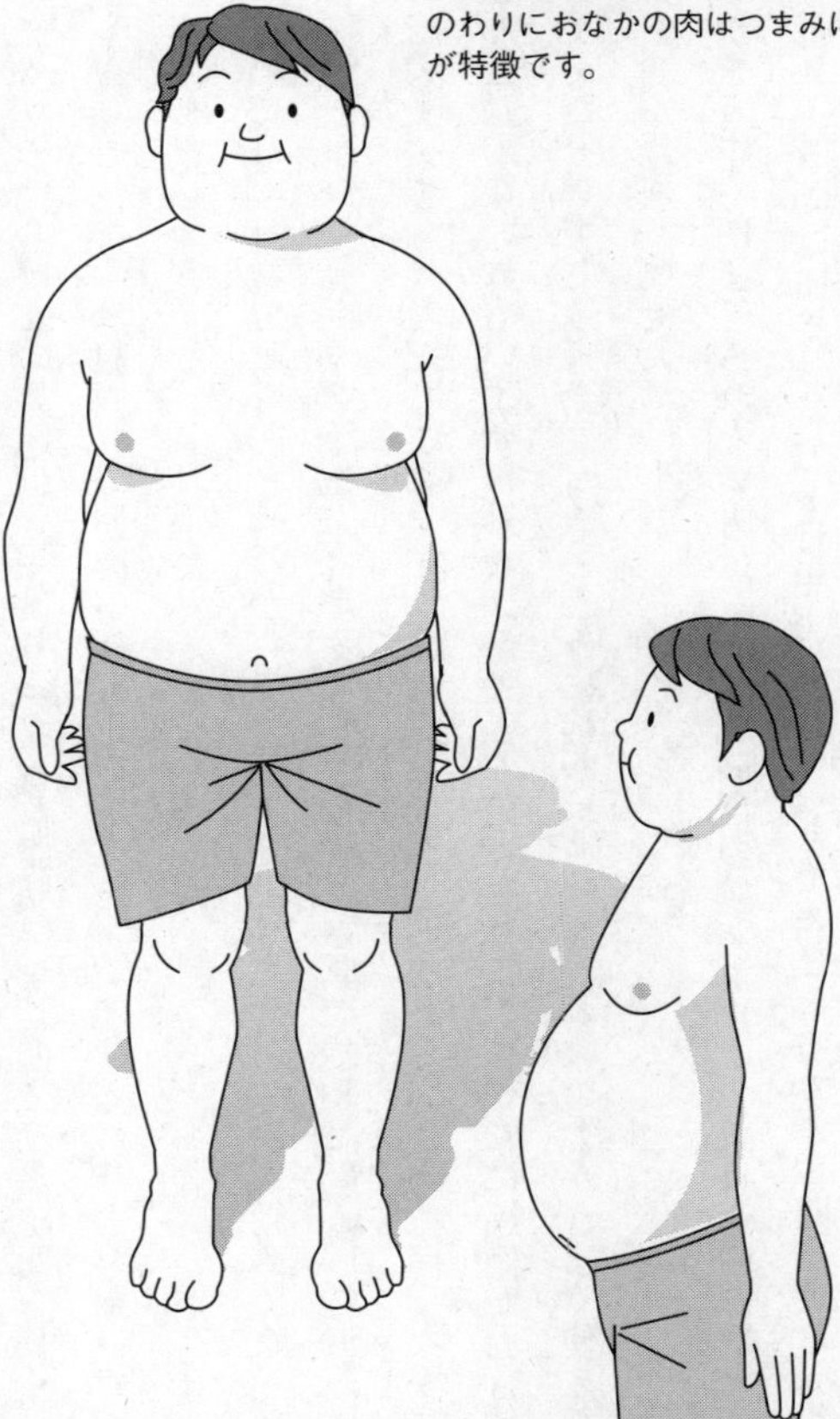

◆本格肥満は食事を減らすとダメ

このタイプのいちばんの課題は、やはり多すぎる脂肪です。凹《へこ》ませる時間を長くしていくつもりで、まずは腹周りの筋肉の持久力を鍛えます。消費カロリーを稼いで脂肪を燃焼させましょう。

そのためには「日常で腹を凹ませながら歩く」ことを柱にするのがお勧めです。わざわざ時間を作って歩くのではなく、普段の生活のなかで歩くときに意識して凹ませるだけで大丈夫です。ただしこのタイプには、おなかを凹ませる力が小さい、なかにはほとんど動かない方もいます。おなかが大きく前にせり出して、常に筋肉が引き伸ばされていたせいでしょうか、ゴムのように縮むはずの筋肉本来の力がうまく使えないことも少なくありません。

おなかをうまく凹ませられない方は、まず腹筋群のコントロールを目下《もっか》の課題と考え、最低4～5㎝は凹ませる力を目覚めさせていきたいところです。凹ませる力を徐々に高められるようにしつつ、歩きながら凹ませるだけで、メタボなおなかも確実に締まり始めます。デスクワークの合間には、大きく凹ませる動きにチャレンジするといいでしょう。ただしこのタイプの方は、歩くときの膝や腰の痛みに注意してください。本来、ダイエットドローインでは姿勢が改善されるため、下半身の関節にかかる負担は和らぎますが、もしもどこかに痛みを感じるようであれば、決して無理に歩いてはいけません。歩数や時間より、凹ませる力を強くすることに注力します。それでも腰が痛いようなら、お尻を締めてみてください（P117参照）。

注意してほしいのが食事です。意外かもしれませんが、「食事を減らそうとしない」でください。おなかを膨らませていた脂肪によってなめされた皮膚が、脂肪がなくなったときにどうなるか。最もやっかいなのは「やせた後の皮膚のたるみ」です。

脂肪を減らすにはカロリーコントロールをすれば手っ取り早いものの、脂肪という土台がなくなると皮膚はだらりと何段にもたるみます。脂肪を減らす代わりに筋肉をつけられればいいのですが、腹筋群は一生懸命にトレーニングしてもあまり肥大しないため、皮膚のたるみの解決策にはとうていなりません。最後の手段としてたるんだ皮膚を切除する手術もありますが、大きな傷跡が残るなどのリスクが伴います。ここは腹をたるませずにやせるよう最善を尽くしましょう。内臓であれ皮下であれ脂肪をおなかにたくさん溜《た》めている人は、脂肪を減らすのはゆっくりであるほどいいと思ってください。

腹を凹ませてサイズが順調に落ちてくると、食事も減らしていっそう効果を出したくなるのは人情ですが、おなかを凹ませる形で動かせるようになったら、「いままでよりも食べすぎないくらいに留める」程度がよいのです。それよりもおなかを凹ませつつ歩いて、コツコツとエネルギー消費を増やしてやること。本格肥満の方の場合は、これだけで最低でも半年は経過観察したいところです。伸ばされていた皮膚を地道に縮めていくイメージで取り組んでください。自然ないい姿勢を心掛けることで、おなかの皮膚に張りを持たせるのです。

そして半年から1年後にご自分のおなかをチェックしてみてください。ガッシリと内臓脂肪が多い感じでしょうか、それとも他はやせてきていて、腹はまだたぷんとたるんでいる感じ? 前者であればこれから説明する②の「筒型固太り」の処方へ。後者なら、③の「中肉中背・たるみ腹」の処方に進みます。カロリーコントロールを考慮するのもそこからです。引き続きおなかを凹ませて歩けば、ともかくリバウンドの心配はありません。

◆大食いが多い固太りの人

②筋肉質系・筒型固太り（体脂肪率20〜25％）

筒型固太りの方は学生時代に運動部に所属していたなど、仕事や遊びに対してエネルギッシュでパワフルな方が多いようです。いまでも基本的に運動やスポーツが好き。筋肉はついているけれど脂肪も多い、がっしりした体型。土台の筋肉がしっかりしているので、見た目の体型のイメージは「円筒型」。脂肪が多いのは、本格的にスポーツをやっていた現役当時とたいして変わらない食べ方をするなどの大食いが主な原因です。学生時代に比べて体重が15kg以上も増加しているという方も少なくありません。しっかりとした筋肉を覆うように脂肪が乗っかっています。内臓脂肪と皮下脂肪が混在している方が多く、プロレスラーのおなかに近いイメージですね。目標を決めれば、食事制限も運動もとことんがんばれるタイプですが、40代に入って気力や体力勝負のやり方に限界を感じ、早々にあきらめモードになる方もよくお見掛けします。

◆固太り型は思い切って筋トレをやめる

固太りの方は①のメタボの方と同じく、腹周りの筋肉を有酸素運動的に使って筋持久力を鍛え、脂肪そのものを燃焼させて落とすことを考えます。やはり普段の生活のなかで「腹を凹ませながら歩く」ことを重視しましょう。

①のタイプの方のように膝や腰を痛める心配は少ないと思いますので、「腹を凹ませて階段を使う」などを意識的に実践するのがお勧めです。会社の中では時間に追われることも多いでしょうから、「駅では階段」とルールを決めてしまうのも、このタイプの方には向いていそうです。

学生時代にスポーツをやっていた方であれば、キツめの筋肉トレーニングでもあまり苦にならないかもしれません。ただ、筋肉をつけても脂肪がその上を厚く覆っていれば、くっきりと割れた腹にはなれないことはもうご存じのはず。このタイプの方は筋肉も発達しやすいので、高い負荷をかける腹筋運動をすると脂肪の下の腹筋群が太さを保ち、ウエストサイズが落としにくくなる可能性があります。

ですから、腹やせ目的でハードな腹筋運動を自分に課している方がいましたら、そ

②筋肉質系・筒型固太りの人

学生の頃、運動をしていた人に多い体型。脂肪の下にはしっかり筋肉がついています。内臓脂肪と皮下脂肪が混在している人も多いようです。

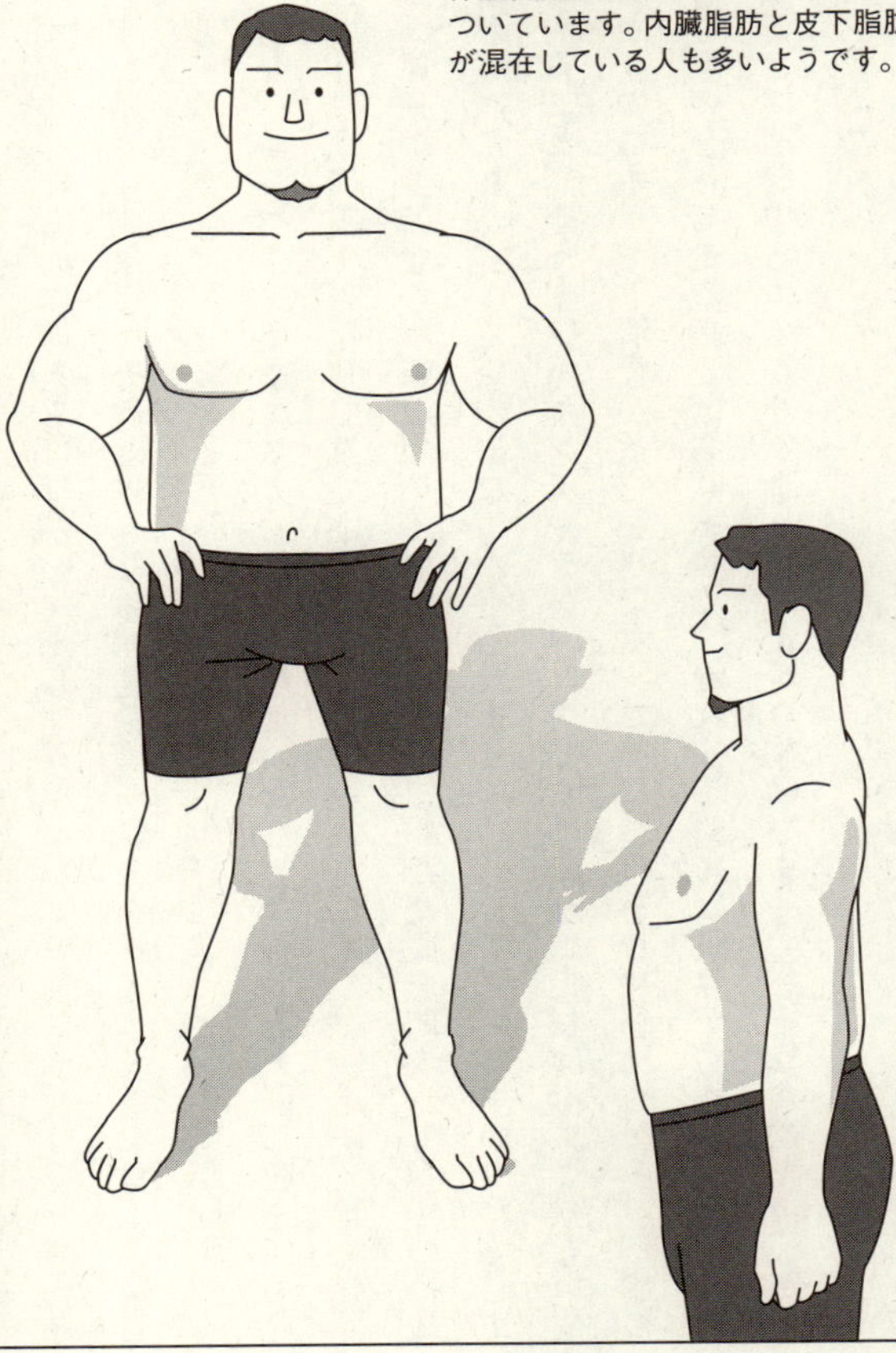

れら一切をやめてしまっても問題ありません。特に女性は、きつい腹筋運動はくびれをなくすもの、くらいに考えるほうがいいでしょう。

少しでも早めに成果を出そうと思うなら、通勤の一駅分をダイエットドローインしながら歩くなど、歩く時間を積極的に増やすのもいい方法です。「基本は階段を使うこと。もし、エレベーターやエスカレーターを使ったら、30秒間最大限に腹を凹ませる」というようにルール化してみてはどうでしょうか。

元来、運動が苦にならないこのタイプの方にとって、ただ腹を凹ませて歩くのは地味でまどろっこしく、やる気が出ないかもしれません。そこですぐに思いついてしまうのが走ること。そう、ジョギングやランニングです。確かに走れば歩くよりも単位時間あたりのエネルギー消費が多くなります。でも、おなかやせが目的なら、わざわざつらい思いをして走る必要はありません。走れる時間には限界がありますし、むしろ走ることで消費するエネルギーよりも、走った後に高まってしまう食欲のほうがやっかいだからです。

どうしても早めに成果を出したい方は、多少のカロリーコントロールを検討するのもいいでしょう（カロリーダウンのコツは次章でご紹介します）。このタイプにあてはまる方は基本的によく食べる方ですから、極端な食事制限は、いくら体重を落とせたとしても結局続かないし、食事制限をやめた後のリバウンドの元凶になるので絶対に避けてください。

私が指導したこのタイプの方で、半年間で13㎝のサイズダウンに成功、7㎏も減量した男性がおられました。エレベーターを一切使わず、階段ののぼりおりの際にできる範囲でダイエットドローインしていたそうです。その方は「エレベーターは最初から『ない』もの」と思い、それに慣れればまったく苦にならなかったそうです。それが習慣になって、リバウンドすることもなく引き締まったおなかになりました。自分が決めたことをやり抜く力があるのですから、ほんの小さな決めごとを守るだけで、充分に腹やせする能力をもっています。決めごとをハードにしないのが秘訣でしょう。

◆多数派の中肉・たるみ腹

③中肉中背・たるみ腹（体脂肪率19～24％）

40代の方に最も多い、標準的なおなかのタイプ。増えた脂肪を筋肉で支え切れずにたるんでいる状態です。どちらかといえば皮下脂肪型で、特に脇腹ラインが崩れてきています。ズボンを穿くとベルトの両脇の上に、タプッとした脂肪が乗ってしまいませんか？

このタイプは学生時代に多少の運動経験もあり、いまの自分が運動不足であることを自覚してはいるものの、体重は昔に比べて15kg前後増加。ややカロリー過多の自覚もあるため食事量は多くありませんが、加齢によって代謝が低下しているせいで、じわりじわりと脂肪が増加してきました。

健康に無関心な方々では決してありませんから、気軽にドローインを始めてみてもらいたいと思います。凹ませ方も、大きく、あるいは長く凹ませる、どちらから始めても問題ありません。が、覚悟しておかなければいけないのは、実はこのタイプが「成果を感じるのに最も時間がかかる」ことです。たとえば①の本格メタボ肥満の方の場合、これまで食べすぎや筋力の衰えなどを放置していた分、そして、元のサイズも出っ張りの度合いも大きいため、おなかを凹ませるだけで期待以上にサイズダウン

③中肉中背・たるみ腹の人

働き盛りの40代に最もよく見られる体型。若い頃と比べて、さほど食べすぎているわけではありませんが、姿勢のせいで腹が出て、脂肪が腰周りに溜まっています。

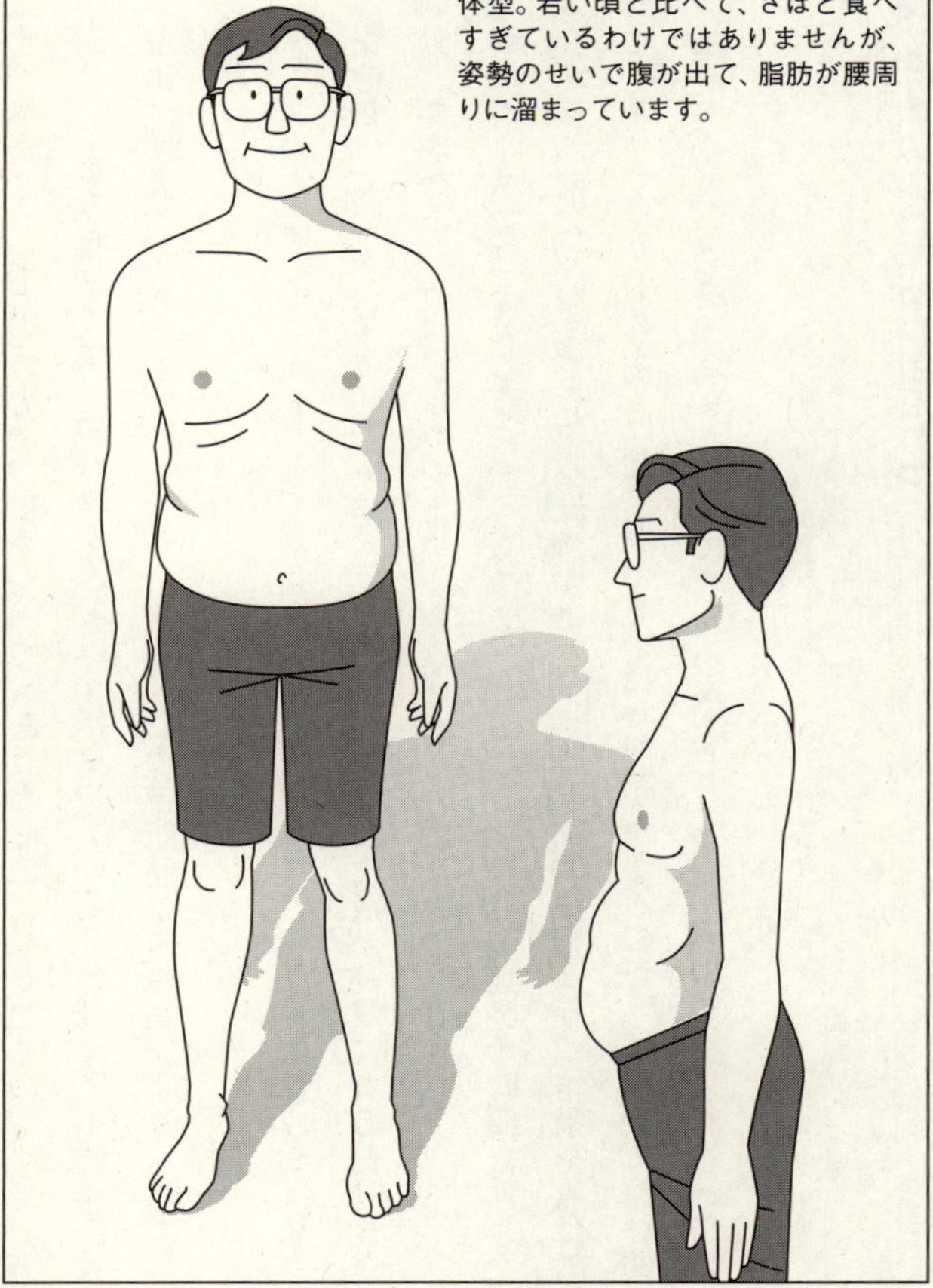

できます。本格メタボ肥満の方は、何をやってもそれなりに結果が出るのです。一方「中肉中背・たるみ腹タイプ」の、たるんで段々になっている部分は皮下脂肪。内臓脂肪の量には個人差があるのでしょうが、現実的に皮下脂肪は内臓脂肪よりも落ちにくいのです。

このタイプの方はダイエットドローインと並行して、食事でもなんらかのカロリーダウンを心掛けるのが得策です。本格メタボ肥満のように皮膚が一気にたるむリスクがない分、無理のないカロリーコントロールならむしろお勧めできます。

腹をマイペースで凹ませながら食べ方を工夫する……義務感で運動の時間を作ったり、メタボ検診前にあわてて食事を減らすより、ずっと確実でしょう。結果を焦ってはいけません。「自分のタイプは効果が出るのに時間がかかるのだ」と自分に言い聞かせ、モチベーションを根気よく保って、たるんでしまった腹の脂肪をじわじわと減らしていきましょう。

◆中肉で寸胴《ずんどう》の人は早めに手を打つ

④中肉中背・寸胴《ずんどう》腹（体脂肪率17～23％）

20代後半から30代に最も多いタイプです。学生時代に比べて体重の増加が10kg前後の方。筋肉も脂肪も標準的で、見た感じのスタイルは「寸胴な筒型」です。上司からはたくさんの仕事を任され、後輩の面倒も見なければいけない年代でストレスが大きくなっており、つき合いで食事の量が増えてしまうことも多いのでしょう。女性ですと、若い頃はともかく転職、結婚や出産など、環境が変わるごとに節目節目でジワッと、しかし着実に脂肪が増え、おなかが出てきた方です。

たとえばこれが50代の方で、学生時代より10kg増の体重で収まっているなら、節制ができている人といえるでしょう。しかし20代後半でこのタイプにあてはまるとしたら、体脂肪率は男性で20％、女性で30％を超えてきているはず。「昔に比べれば脂肪がついたな」という程度の自己認識かもしれませんが、歳《とし》を重ねるにしたがって脂肪は増えやすくなるので、本格肥満へのスタートポジションについているともいえます。

このタイプの方はおなかをすぼめるように凹ませると、自分でも「結構イケている」おなかになるのがわかります。体脂肪率もさほど高くないため、地味な習慣をつ

④中肉中背・寸胴腹の人

20代後半から30代に多いおなかのタイプ。脂肪の量はまださほど多くありませんが、年と共に「中肉中背・たるみ腹」に進行しがちです。

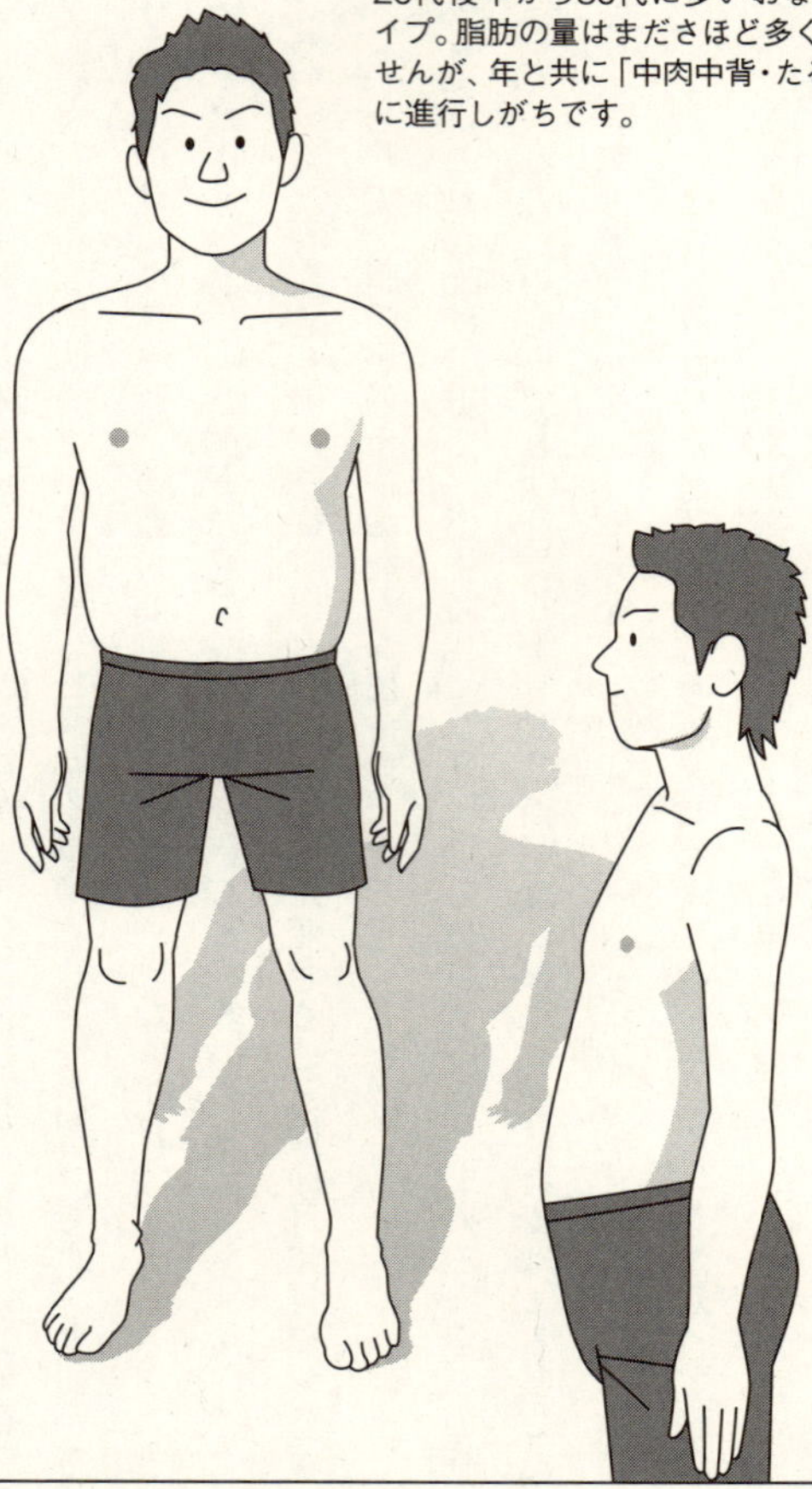

けるにはモチベーションが不足しがちかもしれません。でも、現状の寸胴腹状態に手を打たないでいると、今後さらに脂肪がついていきます。ふと気がついたときに大きく30秒以上凹ませて、たるみ腹にならないように心掛けていきたいもの。やり方次第で、本当にイケてるおなかは近いのです。

◆スリムで腹に脂肪の人は食事を見直す

⑤一見スリム・腹だけ脂肪過多（体脂肪率13～18％）

周囲の人から見ると、服を着ていればまったく太っていないように見えます。このタイプのほとんどの方は、自分の体型やスタイルに気を遣っています。実は、カルチャースクールでの私の「おなかやせ講座」にみえる女性の約7割がこの「一見スリム」の方たちです。

基本的に食事の量は少なめ。10代後半や20代前半の頃からの体重の増加は5kg程度。定期的に運動を行ったりするものの、おなかの脂肪だけがなかなか落ちず、見た目やサイズが引き締まらないという方が結構多いようです。男性の場合、手足は学生時代とほとんど変わらないか、年齢によっては、おなか以外の部分はむしろ細くなっていたりします。基本的に、おなかが気になるのは服を脱いだときだけです。

このタイプの方は食事量は少ないくらいなのに、筋肉を使っていないから腹に脂肪が溜まってしまうのです。何はともあれ基本の動きをじっくりと行いましょう。湯船の中で、または鏡を見ながらおなかの動きをチェックしてみてください。コルセットのように腹周りを幾重《いくえ》にも取り囲んでいる筋肉の力を総合的に高め、使えるようにして、おなかのフォルムを積極的に変えることを目標にします。脂肪そのものの量は多くはないので、筋肉のコントロールが勝負。筋肉の力がつくだけで理想のおなかへと近づけることができるはず。おなかがぐっと引き締まってきて、さらにそこから脂肪を減らしたいようなら、持久的な凹ませを必要に応じて取り入れてください。

普段も食べすぎてはいないはずですから、多少の皮下脂肪がつまめたとしても、基本的にカロリーを減らす必要はありません。摂取カロリーの数値よりむしろ白飯やパン、うどんやパスタなどの炭水化物に偏った食生活になっていないかを振り返ってみてください。炭水化物ばかりの食事になっているようであれば、筋肉の原材料となる

⑤一見スリム・腹だけ脂肪過多の人

服を着ている限り、太っているという印象はまったくありません。「食事に気をつけているのに、おなかの脂肪が落ちない」と感じている人も多いです。

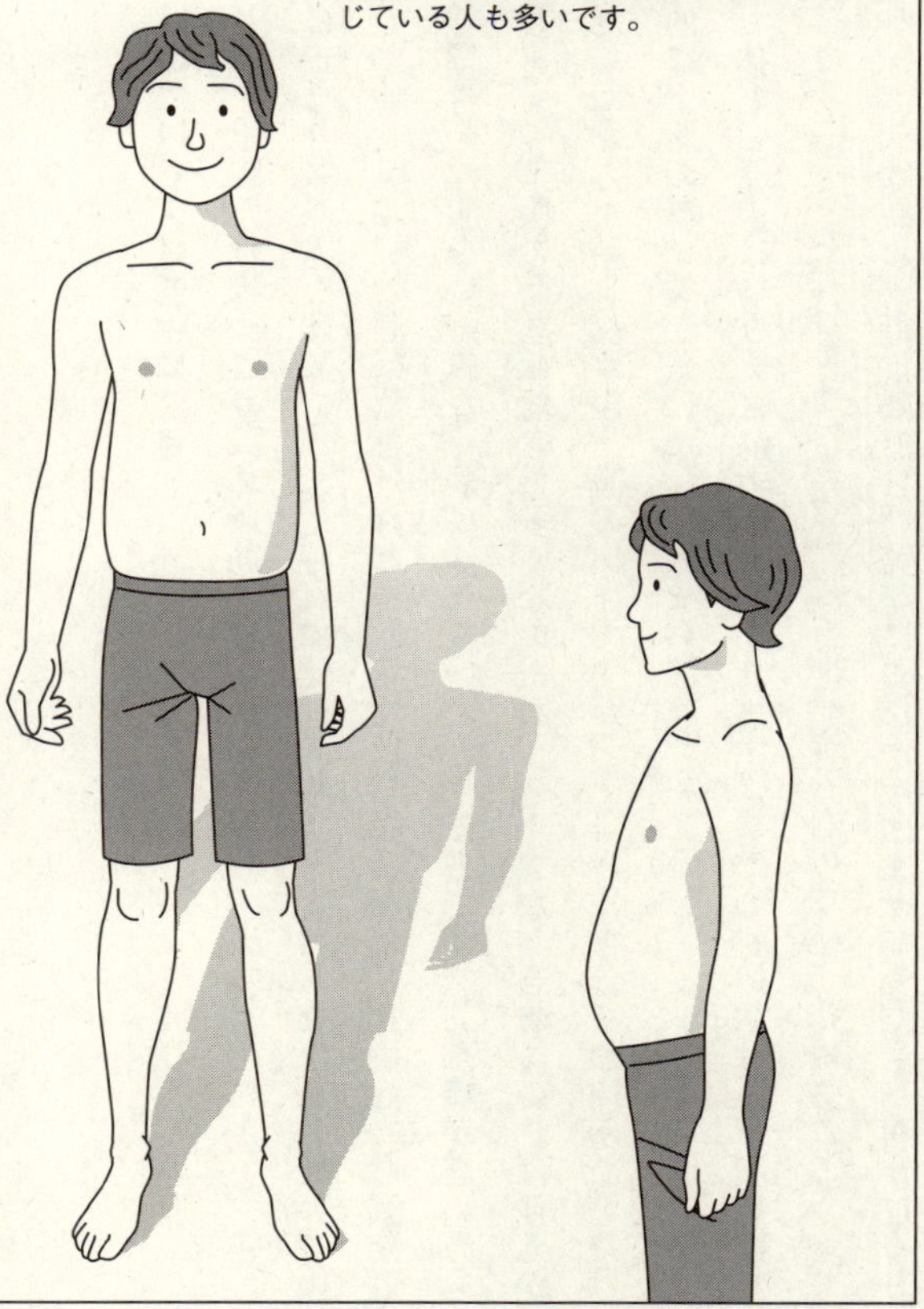

タンパク質（できれば脂質の少ない食品）が不足しないように気をつけることがポイントになります。

◆下腹だけ出ている人は背中に注目

⑥一見スリム・下腹だけぽっこり（体脂肪率10～17％）

見た目はかなりスリムな印象で、学生時代に比べて体重も変わらないか、せいぜい2～3kgの増加。実際、お酒は飲むけれど暴飲暴食はしないなど、食生活にも気を遣っていて、細身の洋服をいやみなく着こなしていたりする方です。美意識が高い方も多いと感じます。下腹の脂肪は総じて多くないため、スーツなどを着ていれば他人からはまったくわからないレベルの下腹の出方ですが、上半身に余分なお肉がないだけに、相対的に下腹のラインが気になってしまいます。

こうした体型の原因はひとえに筋力不足にあります。基本の対処法は「下腹を凹ませる力をつける」。これだけです。あまりにも簡単な答なので拍子抜けされるかもしれませんが、言うは易し、行うは難し。実際におなかを凹ませてみても下腹がぴくり

⑥一見スリム・下腹だけぽっこりの人

どこから見てもやせているようにしか見えませんが、実は下腹だけ出ているタイプ。姿勢も一見、いいほうですが、背中と下腹の筋肉がコントロールしきれていません。

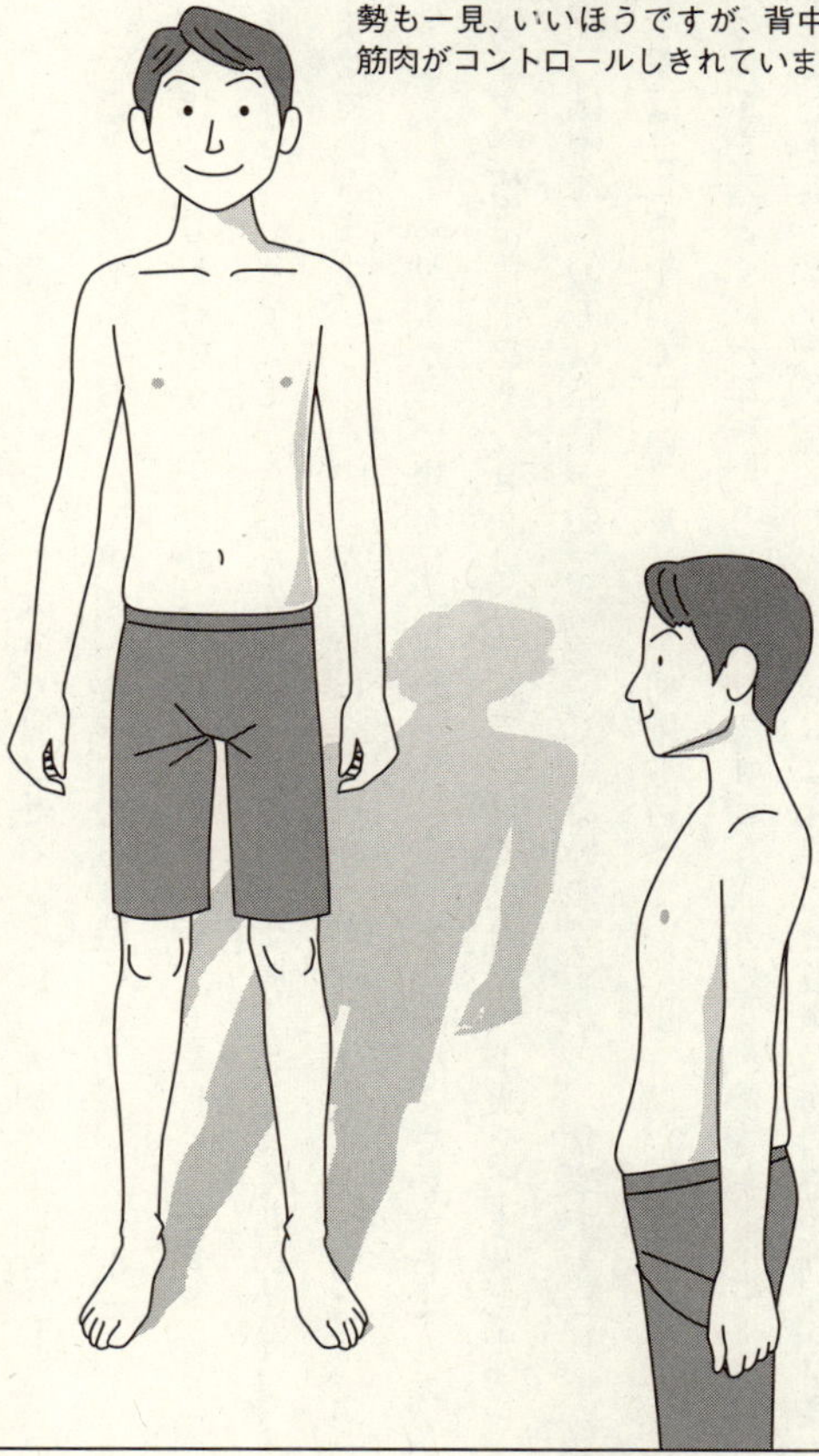

とも動かない方が、研修やセミナーでも少なくありません。おなかを取り巻く筋肉の力が落ちているからです。下腹をより大きく動かせるように力をつけていきましょう。

下腹ぽっこりの解消にはおなかの裏側、背中の力も同時に使っていく必要があります。下腹のぽっこりを背中から引っ張り上げるように、背すじを伸ばした姿勢から肩を引きましょう。そしてここからおなか全体を大きく、下腹をえぐるくらいのイメージで凹ませていきます。うまくできない方は、壁を使って練習するのがいちばんです。それでもどうしても動きが悪い場合は、湯船の中でやってみてください。背すじはあえて伸ばさず浴槽に背中をもたせかけた状態で、目で見ながら下腹を凹ませます。

下腹だけぽっこりの方は脂肪があまりついていないのですから、食事でカロリーコントロールはむしろやってはいけません。何度も言っているように、カロリーコントロールは体重を落とすには手っ取り早い方法ですが、どんなに食事を減らしても、それだけではやせる「部分」を選べません。基本は背中側と腹側の筋肉を連動させること。出っ張ったおなかを締めつける筋力がつけば、おなかはぺたんこになっていきます。

……さて、いかがでしたでしょうか？

おなかのタイプは人それぞれ。タイプによっても対処法が違うことがわかっていただけたと思います。まずは自分のおなかがどんな状態であるかを見極め、それに合わせた手法で凹ませていきましょう。

第6章

体重&体脂肪率にご用心

◆2～3kgやせたところで

さて、これまで何度か説明したとおり、体重を減らすだけでは脂肪を落とす場所は選べません。とはいえ年々増えてしまう体重を気にするなというのも無理でしょう。本書は「腹だけやせる」ための本ですが、やはり体重が気になるという方のために、体重で一喜一憂してしまわないための考え方をいくつかご紹介していきます。

「健康診断が近づいて食べるものを節制し、ちょっとやせたんですけど、健診後すぐに太ってしまって……」

セミナーではそんな話をよくうかがいます。それもそのはず、もともとやせていないからです。言葉尻をとらえるようですが、「やせた」ではなく「体重が減った」という表現が正確です。

体重は脂肪と骨と水分、そして筋肉などをすべて合計した総重量。うわべの体重だけでは何が増減しているのか、その中身まではわかりません（そこで参考になるのが体脂肪率です。後述しますね）。そして残念ながら、短期間に変動する体重のほとんどは、脂肪ではないのです。

先述したように、脂肪には1gで7㎉のエネルギーがあります。1kgでざっと7000㎉。一般的に成人男性が1日に食事でとるエネルギーが2000㎉とすると、3・5日間、完全に絶食してようやく1kg分の脂肪が使われることになります。すぐに減る体重は脂肪ではないとわかります。

何が減っているかはご想像のとおり、大半が水分です。加齢と共に体重に占める水分は減っていきますが、それでも成人で体重のおよそ60%を水分が占めています。たとえば、体重70kgの方は42kgの水を細胞液や血液・リンパ液などとして保有しているわけです。

また1日には2〜3ℓの水分が出入りします。汗や尿、食事によってその変動幅は大きいもの。たまに、「その気になれば2〜3kgはすぐに落とせる」と豪語する方がいますが、脂肪はそんなに簡単に減りません。体重がすぐ戻ってしまうのは、減っているのが水分だから、なんですね。

◆体重が増えずに太る不思議

普段、そんなに水をとっているとは自覚しにくいものですが、水分はいろいろな食べ物にも含まれています。水分をとれば体重は増えるし、汗をかいたら体重は減る。当たり前のことですから、この変動に振り回されてはいけません。

たとえば1ℓの水を飲んだすぐ後に体重を計ると、体重は1kg増えます。でも、水にはカロリーがありませんから、脂肪にはなり得ません。一時的には体重が増えても、尿や汗として排泄《はいせつ》されます。体がむくんでいるなと感じるときは体重も多めだったりしますが、体重はともかく、太っているわけではないのです。

では、一袋50gのポテトチップを食べた後に体重計に乗った場合はどうでしょう。たったの50gですから、体重計の数値はほとんど変わらないはずです。しかし、そのポテトチップスには脂肪の原材料となるカロリーが約250kcalあります。ですからその場では体重が増えていなくても、日々カロリーオーバーを積み重ねれば、確実に脂肪として蓄積されていきます。仮に毎日250kcalのカロリーオーバーを蓄積すると30日で7500kcal。1ヵ月足らずで脂肪が1kg（7000kcal）以上合成されることになります。

食べすぎが続いているけれど体重は増えていないなと安心していたら、しばらくして増えたが最後、なかなか減らない……、そんな経験をされた方は多いでしょう。ちょっと食事に気をつけたくらいで体重が減らないのは、増えているのが脂肪だからです。

◆運動で燃える脂肪の重さは

残念ながら、運動直後に減る体重も大半が水分です。男性の場合、ジョギングでわっと汗をかけば体重が1kg近く落ちたりしますが、このとき、どのくらいの脂肪が実際に燃えているかを計算してみましょう。

体重70kgの方がランニングを30分行って約250kcalを消費したとします。それがすべて脂肪の燃焼に使われたとして250÷7（kcal）で35・7g。ただし、実際に運動する際は皮下脂肪以前に血糖なども使うため、脂肪から取り出すエネルギーは半分くらいと考えられています。ということは、さらに半分にして……20gにもなりません。

20gなんてごはん一口か二口くらいのもの。がんばって30分も走って、減る脂肪がその程度と考えると、運動嫌いの私などは軽く気が遠くなってしまいます。

これまで多くの企業や健康保険組合で仕事をさせていただいた経験からも、理想はともかく運動を続けるのはとても難しいと実感します。目標の減量キロ数を達成したとたんに、やめてしまってリバウンドしてしまうケースが本当に多いのです。目標を達成する以前にくじけてしまう方も考え合わせると、ジョギング、ウォーキング、ジム通いなどの運動習慣をつけて、計画どおりに減量に成功する方は100人中、多くて8人といったところでしょうか。皆さん、思ったとおりには減量できないのです。

これは、運動らしい運動を行うと以前よりも食欲が湧いてしまうためでしょう。食べすぎてさえいなければ何ヵ月か後には減量の成果は表れてくるものの、それまでよりちょっと食べすぎてしまうだけで体重はなかなか減ってくれません。目標を達成した後にやる気がなくなってしまうのも、無理はない気がします。

私は健康運動指導士ですから、もちろん運動を否定するわけではありません。ジョギングにしてもきつい筋トレにしても、ストレスなく続けられるような方は、怪我だ

やせるために走るのは有効か？

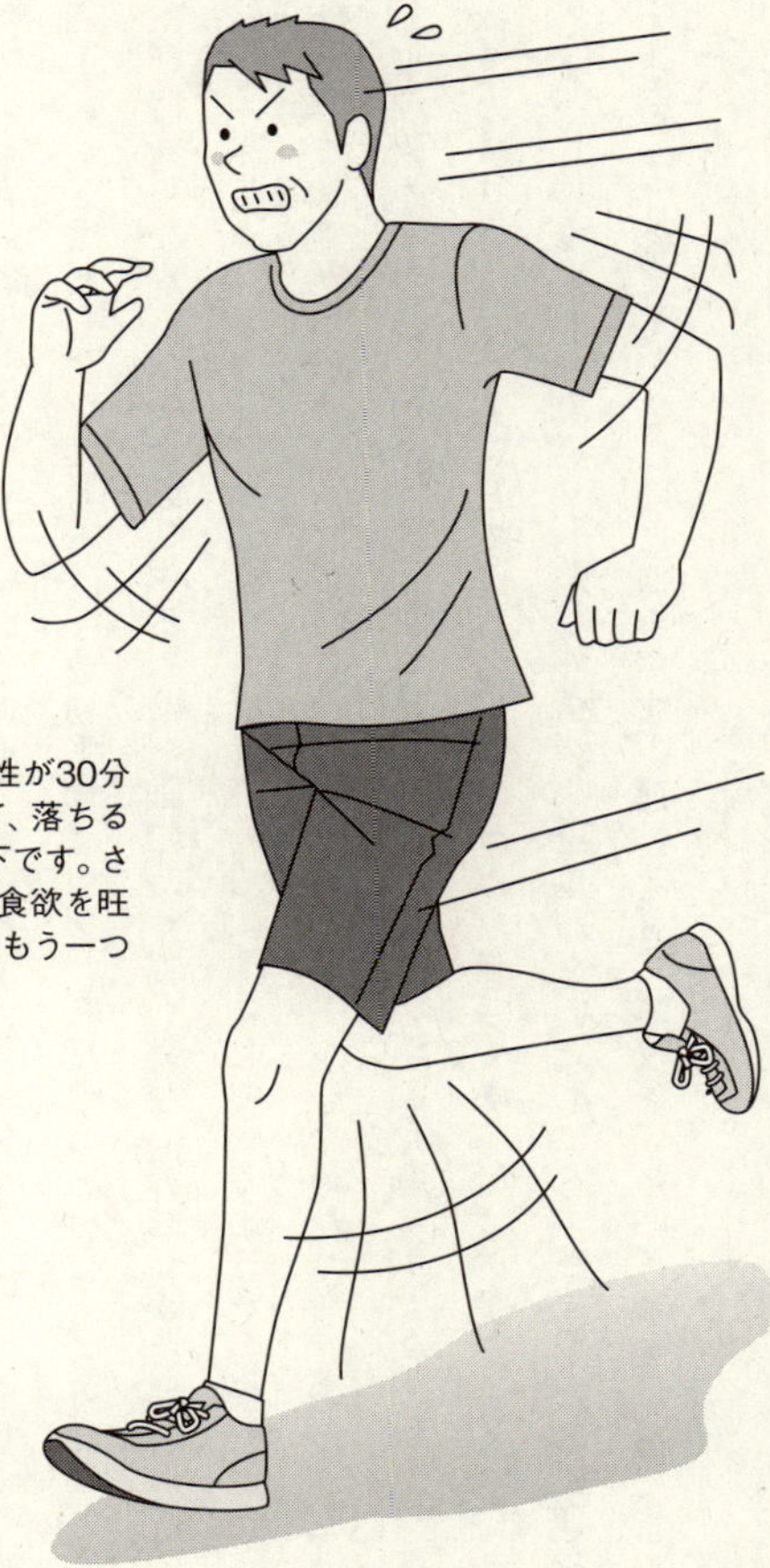

体重70kgの男性が30分ランニングして、落ちる脂肪は20g以下です。さらに、運動には食欲を旺盛にするというもう一つの効果（？）が。

けしないように気をつけて積極的に楽しみ、そのメリットを周りの方にも伝えてほしいと思っています。運動は血行を促進しますし、ストレス解消効果も高いです。問題は、なんでもかんでも「ダイエット」という近視眼的な目的で取り組み、その運動の「本来の効果」を理解しないでいること。ピラティスしかり、ヨガもしかりです。イメージはともかく実際には、運動すればすなわちやせるというものではありません。運動しながら食事を節制するのは、誰にとっても難しいのですから。

「僕ね、終わった後のビールのうまさだけのために運動しているようなもの」という男性がいました。体重はちっとも減らないけれど、ビールをやめたくないのとうまいビールが飲めるのと、体調はよくなったので、それでいいのだそうです。

体重の減り方ばかり気にしていると、続ければプラスであるはずの運動もくじけやすくなってしまうのが現実。へたな挫折体験を重ねないためにも「なんのために運動をするのか」考えておきたいところです。運動＝ダイエット、という考えは捨てましょう。

◆自分が抱える脂肪の重さを知る

先ほど体重では体の中身はわからないというお話をしてきましたが、その点で参考になるのが体脂肪率です。いまではすっかり身近な数値となりましたが、ここでは知っておきたい基本を駆け足でご説明しておきます。

体脂肪率は、体重における脂肪の割合を示す数値。ですから体重×体脂肪率で、自分の体重のうち脂肪の重さがおよそどれくらいなのかがわかります。

体脂肪率が30％で体重70kgなら、70×0・3で、脂肪重量は21kgです。同じ体重でも体脂肪率が20％であれば脂肪重量は14kg。見かけの体重は同じでも、脂肪の重さは7kgも違います。2ℓ入りのペットボトル3本半ですね。脂肪は運動力学的には余剰、いわばお荷物。当然、太りすぎると腰痛や膝痛を起こしやすくなります。

ちなみに体脂肪率による肥満判定では、体重がどんなに少なくても、体重に占める脂肪の割合が高い状態を「太っている」といいます。「やせの肥満」という言葉を聞いたことがあるかもしれません。要は脂肪も少ないけれど、「脂肪以外の組織」が少ない人です。

この、脂肪以外の組織の重さを「除脂肪体重」といいます。骨や筋肉、内臓や血液など、脂肪以外の重さの合計で、体重から脂肪重量を引いて算出します。先の体重70kg・体脂肪率30%の人の例でいうと、70(体重)－21(脂肪重量)＝49。つまり21kgが脂肪で49kgが除脂肪体重ということです。

若い頃と体重はあまり変わらないものの体脂肪率が高くなったという方は、体の中身が変わった、つまり除脂肪体重が減って脂肪が増えたわけですね。主に水分量や筋肉量が減ったと考えられます。

◆体脂肪率はあてにならない？

ところで、なぜ体重計に乗るだけで脂肪の量がわかるのか、疑問に思う方もいるかもしれません。脂肪には電流を流しにくい性質があるため、体脂肪計の金属部分から体に微弱な電流を流し、どのくらい電流が流れにくかったかの抵抗値から脂肪の重さを推測しているのです。

近年はデータが蓄積されて誤差は小さくなっているものの、体脂肪計のメーカーによってはじきだされる数字は違います。測るたびに体脂肪率が変動するのも、朝と晩で太ったりやせたりしているわけではありません。体内の水分分布の違い、足の裏の乾燥具合や汚れ具合、食前・食後の違い、体重計の電極に対する足の位置などなど、いろいろな要素で変動します。入浴で汗をかいて体重が減った場合、減っているのは水分ですから、理論的には体脂肪率が上がるはずですが、体温が上がったり、足の裏の状態が変わることで、むしろ体脂肪率は低く出たりします。ですから短期的な変動は気にせず、同じメーカーの体脂肪計を使って、できるだけ一定の条件下で測った数値を参考にしてください。

スポーツライターの方に聞いた話によると、コアトレーニングのところで紹介したサッカーの長友佑都選手は体重68kgで体脂肪率3・5％程度だとか。これは本当でしょうか。脂肪の重さは……、なんと2・38kg。徹底的に鍛え上げているとはいえ、この数値はちょっと尋常ではない低さです。これはご参考まで。

10代であれば別として、現実問題、男性では体脂肪率が10％以下になると免疫力が低下したり、いわゆる男性機能に問題が出やすくなるという話も聞きます。統計的に、太りすぎもやせすぎも長生きできないことが判明していますので、体脂肪率で目標を立てる場合は、無理のないものにしてください。世界的アスリートと張り合ってはいけません。

女性も同様、体脂肪率にあまりこだわらないほうがいいです。たとえば女子プロレスの選手で体脂肪率の平均は20%と低めですが、目指したい人はめったにいないはず。理想的な体脂肪率＝理想の体型、ではないのですね。

◆体脂肪率に振り回されない

体重や体脂肪率を参考にするうえでもう一つおさえておきたいのは、脂肪は水や筋肉に比べて軽いことです。水を1・0とすると、ヒトの脂肪の比重は0・9、筋肉は1・1。脂肪は水に浮き、筋肉は沈みます。

先ほど体脂肪率と体重から除脂肪体重を計算する方法をお伝えしましたが、そこから筋肉の比重を踏まえて、自分の体のどれくらいを筋肉が占めているのか、おおよその数値が算出できます。除脂肪体重の半分を筋肉と見なして、それが体重の何%にあ

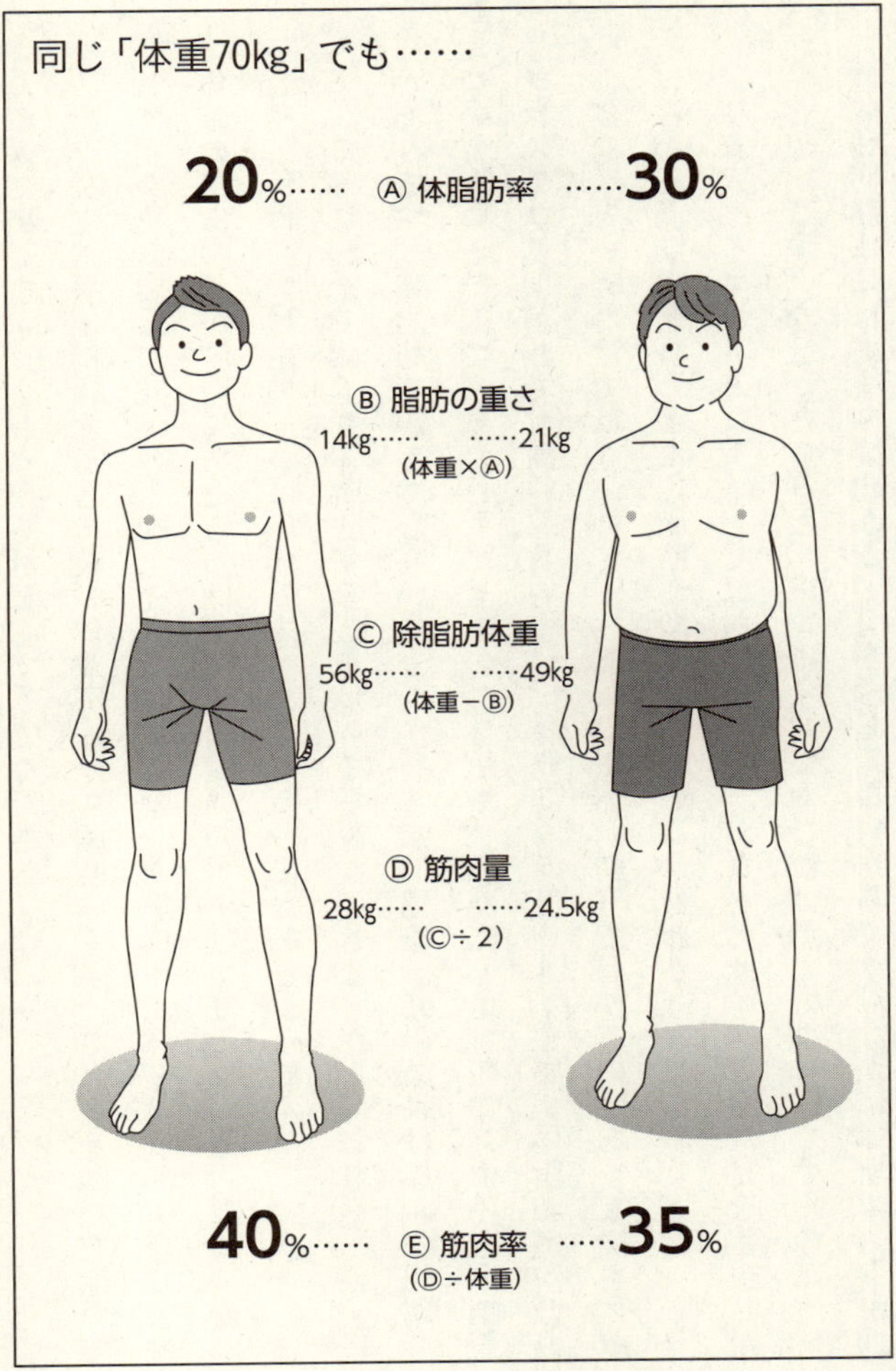
同じ「体重70kg」でも……
20%……　Ⓐ 体脂肪率　……30%
Ⓑ 脂肪の重さ
14kg……　……21kg
(体重×Ⓐ)
Ⓒ 除脂肪体重
56kg……　……49kg
(体重−Ⓑ)
Ⓓ 筋肉量
28kg……　……24.5kg
(Ⓒ÷2)
40%……　Ⓔ 筋肉率　……35%
(Ⓓ÷体重)

たるかで出します。よかったら計算してみてください。

再び長友選手を例にすると、彼の体重68kgから脂肪の重さ（2・38kg）を除いて2で割った筋肉量が32・81kg。それを体重で割った筋肉率は48・25%になります。体重のほぼ半分が筋肉にあたるわけで、巨漢揃いのイタリアリーグの選手とぶつかり合って負けない理由の一つは、体のスペックの高さにもあるようです。

さて、これまで体重や体脂肪率などについて解説してきましたが、どれも一長一短があります。体脂肪率がとても高いにもかかわらず、健康診断の結果はなんの問題もない方がいる一方で、見た目もやせていて体重も体脂肪率も低いのに、血圧や血糖値、コレステロールがとても高い方もいます。体脂肪率が高い＝不健康、体脂肪率が低い＝健康、というわけではないのです。ましてや体脂肪率でわかるのはあくまでも体重に占める脂肪の割合。どこに脂肪が多くついているかもわかりません。

植森式ダイエットドローインではあくまでも、おなかのサイズと見た目を重視したいと思います。なぜかというと、ドローインでおなかは別人のようにやせたのに、体重・体脂肪率にはあまり変化がない方が珍しくないからです。なかにはウエストが10

cm以上細くなっているのに、体重も体脂肪率もまったくといっていいほど変化がない人もけっこういて、正直、不思議です。脂肪が減った分、筋肉が増えたと考えれば妥当ではありますが、なくなった脂肪に代わる筋肉らしき筋肉は見当たらないし……と、首をひねってしまいます。逆に、「おなかを凹《へこ》ませていただけで、そこまでやせる?」というくらい大幅に体重が落ちて、別人のようになる方もいます。

体重や体脂肪率の変動はこのように個人差が大きいですし、人に見せる数字でもありません。ぜひサイズと見た目、ビジュアル重視でお考えになってください。「自分がどうなりたいか?」です。

記録を取るときも、記載すべきは体重ではなくサイズです。骨盤があるうえに筋肉を使いづらいため、下腹のほうがおへそ近辺に比べてサイズを落としにくい傾向があります。メタボ健診では基本的におへその位置で測りますが、ご自分の気になるところでもサイズを測っておくことをお勧めします。毎回、測る位置が変わってしまわないよう「へそ下5cm」など、おへそを目印にするといいでしょう。

◆ダイエットに頼らない

私が「体重や体脂肪率にこだわらないで」と申し上げる理由の一つに、リバウンドのリスクとストレスがあります。

食事でのダイエットについて、多くの方が誤解していること。それは「正しいダイエットを行えば成功する」というイメージです。どんなに理想的かつ正しい方法でやせたとしても、「それ」を維持できるとは限りません。実際、病院に入院までしてやせたものの、退院してから結局リバウンドしてしまう方は少なくないのです。入院中の食事に限らず、糖尿病食を自分なりに勉強してやせた方でさえも、同じ。2010年、カロリーが低くておいしいレシピを載せた『体脂肪計タニタの社員食堂』（大和書房）という本がとても人気になりましたが、この本でやせたにもかかわらずリバウンドしてしまった人の話も聞きました。運動も同じなのですが、これはやせた後に「やめて」しまえば「戻って」しまうことが理解されていないからでしょう。たとえどんなに健康的なやり方であっても、続けられないなら維持はできません。正確にいえば「正しいダイエットを続けている限りは成功する」のです。

運動をすると、食欲が増進して食事のコントロールは難しくなる。かといって、食事を減らすばかりでは、体が基礎代謝を落としてしまいかねない。さらに、体重は減らせても、脂肪を落とす場所は選べない。これらの現実と向かい合うと、少なくとも悩みがおなかの肉にあるのなら、カロリー制限よりまず、おなかの脂肪を狙って燃やすダイエットドローインを試みるべきだとご理解いただけるのではないでしょうか。「おなかだけ」やせることは難しくありません。おなかを凹ませれば凹ませるほど、本当におなかは凹んできます。ですから、ともかくはそこで手応えをつかんでいただき、絞れるところまでおなかを絞ってください。できれば半年、最低でも3ヵ月はダイエットドローインだけで経過を観察したいところです。

なぜドローインとカロリーコントロールを同時にスタートしないほうがいいかというと、先にも触れたように「食事はいまのままでも凹ませていれば○センチ程度のウエストサイズは保てる」という手応えと自信をつけていただきたいからです。そうでないと、もしカロリーコントロールにストレスを感じたとき「ここで食べたらおしまいだ」なんて漠然とした不安を感じることになりかねません。これまでも何度もダイエットに失敗しながら、いまの体と何年、何十年とつき合ってきたわけですから、あと3ヵ月待つくらいは、あっという間のはずです。

◆「ダイエット中」ではダイエットできない

ダイエットの「成功の極意」。それは非常にシンプルで、「続けられる」形で取り組むことです。

お医者さんですら「ダイエット中」という言い方をすることがありますが、「××中」というのは、いつか終わることを意味する言葉です。それでは減量効果が一時的なものに終わってしまうため、問題のある表現といえるでしょう。禁欲的に聞こえてしまうかもしれませんが、健康で締まった体を維持したいなら、ダイエットを日常化する必要があるのです。

日本人はまじめなのか禁欲的なのか、ダイエットというとどういうわけか自分が好きなものから減らそうとする傾向があるように思います。

実際、私が10年もダイエットに失敗し続けたのは、私が無類《むるい》の甘いもの好きでもあったからでした。ダイエットするぞ！と決めると甘いものをピタリと我慢し、苦しんだ挙句《あげく》に罪悪感と共にお菓子に手を出してしまう。ヤケになって食べすぎてダイエットどころではなくなる……の繰り返しだったのです。若かりし頃、甘いものをどうしても我慢できない自分を「こんなに甘いものばかり食べて、なんて節操がないんだろう、どうして根性がないのだろう」と、自己嫌悪に陥ったものです。

でも、先にもお話ししたとおり「続けないと、たとえやせても維持できない」と気づいてから大きく前進したのでした。そもそももって生まれた遺伝的な要素も、生活も、性格も、そして食の好みもみんな違うのです。そこを否定して一律な方法にしがみついても未来は明るくありません。「どうして自分はできないのだろう」ではなく「自分にできることはないか」。物事を解決に導くのは、考え方一つだったりもします。

長年指導をしてきて思うのですが、大好物を食べている限り食欲は暴走しないもの。気持ちが満たされて幸せを感じるからかもしれません。お酒が大好きな方が禁酒したりすると、かえってストレスのため他のものを食べすぎ、太ってしまうことがあります。

自分の好物がたとえどんなに高カロリーでも、「食べてはいけないものは一つもない」と思ってください。要はどこかでカロリーダウンすればいいのであって、わざわざ大好きな食べものから減らす必要はありません。大好きなものは食べる。その代わりに、そうでもない食べ物で減らせるところはないか、という姿勢をもちましょう。現代の栄養学の理想形に無理やりはめこまなくてもいいと思います。

基本的にお金の使い方と一緒です。どんな使い方をしようと、人に迷惑をかけない限り他人からとやかく言われる筋合いではありませんよね。たとえば趣味でフィギュアが好きな方などは、周りから「そんなオモチャに大金をかけて」と言われたりします。でも好きなものは好き。そこを我慢してまで何がほしいのか、何が幸せなのか、という話です。確かに、フィギュアほしさに食費を削って病気になってしまったら、お金の使い方としてバランスが悪いとは言われるかもしれませんが。

現代には、それこそいろいろな食事法・健康法があります。食生活について突き詰めていくと、生き方や宗教の問題にまでなるでしょう。ですから私の言う「好きでないものは食べない」カロリーオフは、あくまでも考え方の一例としてとらえていただ

好きなものは食べよう

「別に食べなくてもいいや」と思える食べ物を減らすのが成功の秘訣。

ければと思います。

カロリーダウンするところは、自分にとってストレスが小さいほど、うまくいきます。お酒を減らすくらいならとんかつをやめてカキフライにするとか、マヨネーズよりソースを使うなど、無理のない範囲でいままでよりもどこかで減らすほうが結果的に確実です。ポテトチップの話を思い出してください。もともと「塵《ちり》も積もって」脂肪が蓄積されてきたわけですから、いきなり減るものではありません。

エネルギー源としての脂肪に作り

替えられるのは主に脂質（脂肪から水分等を除いて精製した、純粋な脂を指します）と炭水化物なので、このあたりに目を向けるといいでしょう。ちなみに、炭水化物は1gで4kcal（ごはんの炭水化物含有量は約4割）、脂質は9kcalあります。カロリーが倍以上違うだけあって、脂質のカロリーコントロール効率は抜群です。ドレッシング大さじ1杯と小さめのグレープフルーツのカロリーが同じくらい、生ビール1杯とたっぷりのドレッシングが同程度のカロリーと知ったとき、あなたはどちらを選ぶか、でしょう。

某上場企業の副社長さんとランチをご一緒したことがあるのですが、カレーライスの肉の脂身をさりげなく皿の端に残されていました。体重が増え気味のときには元の水準に戻るまで、コーヒーのクリームや砂糖も控えたりするとのこと。減らすところとそうでない部分をちゃんと区別されているわけですね。

やや余談ですが、その方に「海外では太っていると、出世できないと聞きます。日本ではどうなのでしょうか？」とお聞きしたところ、「うーん、太っていても仕事ができる人間はいくらでもいるよね。ただ、太っているせいで持病があったり、体調が悪いようでは、結果的に激務はこなせない。いくら仕事ができる人でも、腰が痛い、頭が痛いとか、そんな状況では冷静に判断しろというほうが無理な話ですからね」と、非常に合理的なお答でした。

さて、どこかでカロリーダウンを狙うなら、とりあえず「コンビニではカロリーを見比べてから買うクセをつける」、そんなことから始めてみてはいかがでしょうか。ファミリーレストランではどれを注文するか、指先一つで数百kcalも違ってくることも珍しくありません。カロリー表示が一般的になっていますから、まずは食べたいものをリストアップして、そのなかからカロリーが低いものを選べばストレスが溜まりませんよ（ただし、現在、持病等がある方は、医師や栄養士さんにやり方として問題はないか確認なさってください）。

カロリーは「好きでない」もので抑えればストレスが溜まらない

〈好きレベルの評価の仕方〉
好きではない→1　あまり好きではない→2　ふつう→3　好き→4　すごく好き→5

品物	好きレベル	カロリー
バター、マーガリン	1・2・3・4・5	大さじ1杯 100kcal
マヨネーズ・ドレッシング	1・2・3・4・5	マヨネーズ大さじ1杯 100kcal
脂身	1・2・3・4・5	100g 700kcal
脂身多めのお肉	1・2・3・4・5	100g 500kcal
生クリーム	1・2・3・4・5	大さじ1杯 70kcal
チーズ	1・2・3・4・5	100g 350kcal
牛乳	1・2・3・4・5	コップ1杯 140kcal
ごはん	1・2・3・4・5	1膳(150g) 250kcal
パン	1・2・3・4・5	ロールパン1個 100kcal
麺類	1・2・3・4・5	醤油ラーメン1杯 500kcal
イモ類	1・2・3・4・5	焼き芋3cm 120kcal
果物	1・2・3・4・5	リンゴ1個(小) 100kcal
野菜炒め定食	1・2・3・4・5	850kcal
とんかつ定食	1・2・3・4・5	1000kcal
ハンバーグ定食	1・2・3・4・5	1100kcal
牛丼	1・2・3・4・5	並650kcal・大盛850kcal
天ぷら蕎麦	1・2・3・4・5	500kcal
普通のハンバーガー	1・2・3・4・5	280kcal
照り焼き+卵バーガー	1・2・3・4・5	600kcal
フライドポテト	1・2・3・4・5	スモール 250kcal
菓子パン	1・2・3・4・5	クリームパン1個 300kcal
洋菓子	1・2・3・4・5	ショートケーキ1カット 350kcal
和菓子	1・2・3・4・5	おはぎ(大) 300kcal
スナック菓子	1・2・3・4・5	ポテトチップス100g 550kcal
ジャム	1・2・3・4・5	イチゴジャム大さじ1杯 40kcal
ジュース類	1・2・3・4・5	オレンジジュースコップ1杯 90kcal
コーヒー等に入れる砂糖	1・2・3・4・5	グラニュー糖大さじ1杯 60kcal
ビール	1・2・3・4・5	350mℓ 140kcal
缶チューハイ	1・2・3・4・5	350mℓ 180kcal
日本酒	1・2・3・4・5	1合 200kcal

※カロリーは料理法などで変動します。表記の数値は目安として参考にしてください。

第7章

20代の体を再現するステップアップ

◆腹の形を早く変えるコツは？

本章では「ステップアップ編」として最大限に効率よく！をモットーに、もっとカッコいい「細《ほそ》マッチョ」体型を目指したい方へお勧めの方法を中心にご案内していきます。基本的に男性向けの、かなりきついトレーニングも紹介していますので、女性はご自分のニーズに合ったものを上手に選んで取り組んでください。

体型を左右している要素は主に筋肉と脂肪。筋肉がたるんでいるのか締まっているのか、筋肉が細いのか太いのか、そして、脂肪の量が多いのか少ないのか、などです。もって生まれた骨格そのものは変えられませんが、改善はできます。私も昔、ひどいO脚がコンプレックスでしたが、筋力をつけることでずいぶんとまっすぐになりました。ボディビルダーの友人の、まさにモヤシみたいな細さの昔の写真を見せてもらって、ヒトの体というものはここまで変貌するのかと驚くこともあります。

皆さんがテレビや雑誌でご覧になるようなマッチョな筋肉ムキムキの体型は、それ相応の時間をかけないとなれません。しかし細マッチョならダンベルやマシーン等の器具を使わず、またたいした時間もかけずに、かっこいい「筋肉質なヤセ」になることが可能です。

ここで少しおさらいしておくと、脂肪を落とすことと、おなかの形を変えることはイコールではありません。歩きながらおなかを凹《へこ》ませれば脂肪は落ちていきますが、下腹の筋肉をちゃんと使えていないと、下腹が出たまま細くなるのです。実際「おなかを凹ませ始めたらウエストがみるみる細くなってきた。でもウエストが締まったせいで、今度は下腹がなんだか目立つようになってしまった」というご相談を受けることがときどきあります。使ったなりにおなかは変わる。本当に正直なものです。

脂肪が多くついているような場所は、筋肉そのもののコントロールが悪いはず。ご自分のおなかを観察したとき、「上腹」「脇腹」「下腹」など、特定の場所が出ていたり、脂肪が多かったりする場合は、そこの筋力を使っていないと思ってください。使っていないから筋肉の力が弱くなり、出っ張ったりたるんだりして脂肪もつきやすくなるのです。

だからこそ、まずは基本のダイエットドローインで正しく筋肉をコントロール。筋肉のコントロールが利くようになったらともかくは筋力をつける、つまり、より大きく凹ませる力を優先的に高める。これが「より早く」おなかの形を変えるコツです。

これから、目的やシチュエーションに合わせて、効果的かつ実践的なものをご紹介していきますので、お好みでチョイスしてください。

おなかを早く引っ込めるための「肘《ひじ》立てドローイン」、おなかをきれいに割る「テクニックを使った腹筋運動」、上半身全体を美しく筋肉質に鍛える腕立て伏せ、日常生活に取り入れる手軽で効果的なトレーニングの順でご案内します。重力や自分の体重を負荷として活用するところがミソです。最後にご紹介するのはストレッチ。ある意味、トレーニングよりも大事なケアです。

◆即効で腹の形が変わる筋トレ

できるだけ早くおなかの形を変えたい場合、日常生活のなかでのドローインと一緒にやると効果的なのが、肘をついた状態でのドローインです。見た目は地味ですが、重力を使っておなかを中心に体幹部に負荷をかける筋トレの一種です。行う前と後とでは、サイズや見た目が変わる方も結構います。まずは楽なほうから。

即効でおなかの形が変わる「肘立てドローイン」

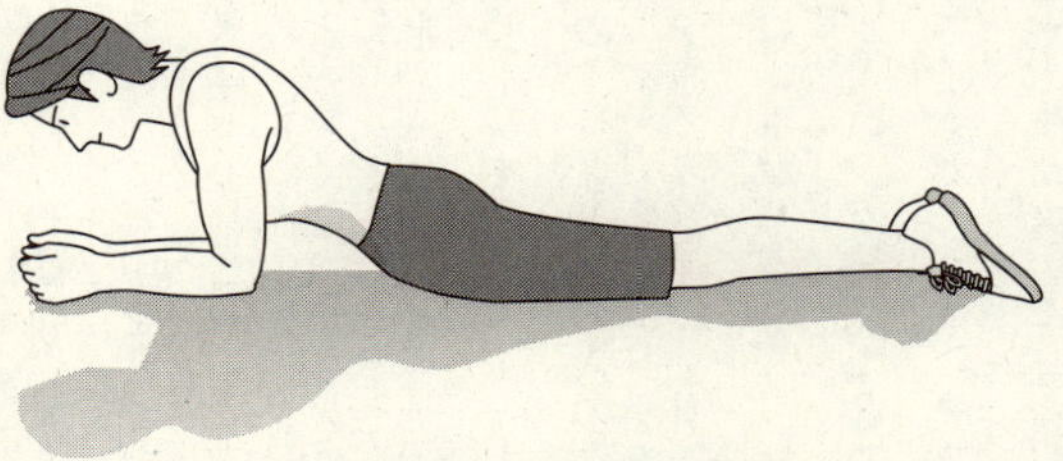

Ⓐうつぶせに寝た状態から上半身だけ起こして肘をつきます。はい、そこから下腹まで床から浮かせるようにドローイン。

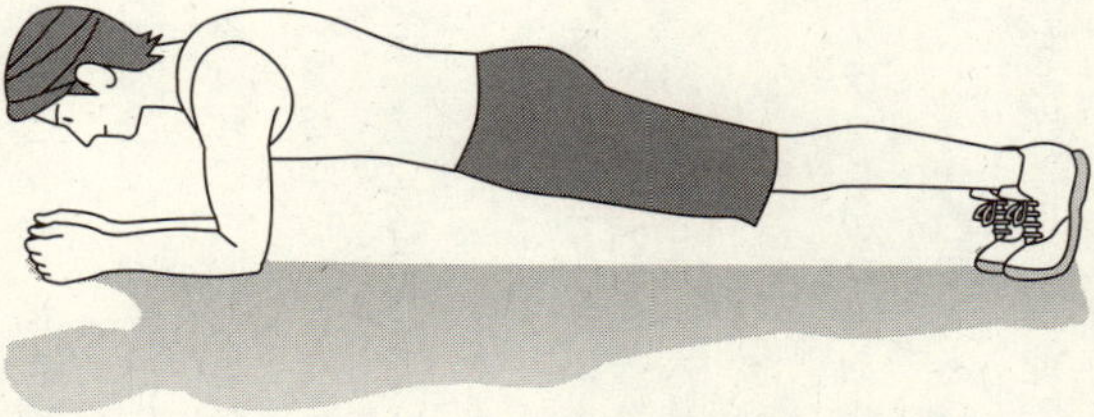

Ⓑ上が簡単にできた人は上級編。つま先と肘で体重を支え、体をまっすぐにします。ここまでがコアトレーニングでいう「フロントブリッジ」です。腹やせ効果を高めるためには、さらにここから息を止めず、腹をえぐるようにドローイン。

うつぶせになって肘をつき、上半身を支えます。足の幅は自由に。そこからグッとおなかに力を入れて30秒間、最大限におなかを凹ませます。ポイントは、①肩に力が入らないように、②背中を丸めないように、③下腹までしっかり凹ませること。注意点は基本のドローインと同じです。肘をつく位置は体に近いところにつくと楽で、体から離すほどキツくなります（それでもテレビを見ながらでもできる運動です）。

これが楽勝だった方はレベルアップさせましょう。一般的に「フロントブリッジ」と呼ばれる筋トレです。

前ページのイラストⒷの人のように、肘と足先で体を支えましょう。肩、骨盤、足首が一直線を描くイメージで体を持ち上げます。お尻にも力を入れましょう。これがいわゆるフロントブリッジ。

最近、トレーニング雑誌などでこのフロントブリッジがコアトレーニングとしてよく紹介されています。プロのアスリートだけでなく、一般の方もゴルフで飛距離を伸ばしたいとか、テニスの上達を目指して取り組むとか。運動機能の向上も期待できるトレーニングなのです。

ただし、フロントブリッジだけでは腹やせの効果はさほど高くありません。繰り返しますが、植森式ではここから、肩を力ませずにえぐるくらいのつもりでおなかをグッと凹ませます。おなかを最大限凹ませて、30秒を目標にキープ。フロントブリッジまではなんとかできるものの、この状態からさらにおなかを凹ませるのは無理、という方は、体を一直線でなく、お尻を上げた「く」の字で試してください。秒数にこだわらないように。むやみにがんばると腰に負担をかけますので、注意してくださいね。

◆腹を割りたい女子が増えている

次はおなかを「割る」トレーニングです。

先日会った雑誌の編集者さんらいわく「腹筋を割りたい女子が増えてきているんです！」とのこと。いわゆる「肉食女子」が、板チョコレートのような形におなかを割りたがっているそうです。どんなに筋肉を鍛えても、脂肪で上から覆ってしまえば腹筋の線はほとんど出ないと話すと、やはり意外だった様子。鍛える＝腹が割れる、というイメージが一般的なんですね。

よく「腹筋がない」という言い方をしますが、これもけっこう誤解を招く表現で、ヒトの基本的な筋肉構造は同じです。男性も女性も、おなかの脂肪を落とせばその下に隠されていた腹筋、腹直筋《ふくちょくきん》の形が表れてくるものです。なので、「腹を割る」ことを目的に考えるなら筋肉を増やすより、いまついている脂肪を落とす方向でアプローチするのが正解。

さらに「横に割れたライン」まで強調したい場合は、腹直筋への刺激の形を変えるとよいのです。

みぞおちのあたりに手をあて、上半身を深めに前にかがめて、おなかに力を入れてみてください。固くなった腹直筋の存在が感じられたでしょうか。ここであらためて腹直筋（P89イラスト）の形に注目してみましょう。まるで「すのこ」みたいな形をしていますよね。脂肪を落として、この形が外から見える状態がいわゆるシックスパックです。

腹直筋は普段、基本的には他の筋肉と力を合わせて体幹を固定しているのですが、上体を丸める動きでは主動筋（その動きでもっとも活躍する筋肉）となります。この

シックスパックに割ってみる

腹筋を鍛えて脂肪を落とすと、肌の上に腹直筋の形（シックスパックと呼ばれます）が見えてきます。

動きで腹直筋を鍛えましょう。腹筋運動について、2章ではその腹やせ効果を疑問視してみせましたが、脂肪が落ちた状態で「腹を横に割る」には、やはり有効なのです。

◆よくある腹筋では割れにくい

学生時代の体力テストなどでなじみがあるからでしょうか。おなかをなんとかしようと思ったときに誰もが一回は挑戦することが、膝を立てて上に起き上がる腹筋運動。「腰が痛くなるのは腹筋が弱いから」……そんな常識（？）も一人歩きしており、よかれと思った腹筋運動で逆に体の状態を悪化させてしまうことも珍しくありません。おなかの筋肉が弱いうちに負荷の大きい腹筋運動をすると、かえって腰や首を痛めてしまうことがあるからです。また、よく行われている腹筋運動、いわゆる膝立て腹筋では、「やらないよりはいい」くらいの筋トレ効果しか感じられない男性もよくいます。これは、なぜなのでしょうか。

ひと言でいってしまうと、勢いやはずみをつけて行うからです。はずみをつけると関節に余計な負担がかかり、体を痛めてしまいがち。また、腹筋運動では、起き上がる初動動作では腹直筋の上部にぐっと負荷がかかりますが、後半にかけてはむしろ下半身に力が入るのが実際にやってみればわかります。早く行おうとすると息は苦しいわ、回数をこなそうとするとそれはそれで苦しいわ。鍛えているのが心臓なのか腹筋なのか、あるいは太腿《ふともも》なのか、どれもこれも曖昧《あいまい》な運動になってしまいます。一般の方が行う筋トレとしてはやはりお勧めしません。

またジムなどに行くといろんな種類のエクササイズを教えてくれるのですが、「上腹の筋トレ」「脇腹の筋トレ」「下腹の筋トレ」などなど、複数の種目に分かれていて、なかなか大変。ジムに通うにせよ自宅で行うにせよ、忙しいビジネスマンが続けるには厳しいものがあると思います。

ですからここでは、あくまでも「腹を横に割る」目的に絞り込み、効果的なだけでなく、続けやすい筋トレを紹介しておきます。

◆カッコよく腹を割るなら

「腹を横に割る」ためには、漠然と「上半身を持ち上げる動き」を行うのではなく、一つひとつの割れ目を強調させるように筋肉を刺激することが大切です。具体的には3段階に分けて「止める」こと。すのこ状の腹直筋の一つひとつの割れ目に力を込め、すのこをギュッギュッと巻き込むように力を入れることで、腹直筋の横割れラインを強調させます。

ちょっと起き上がったところで止めて、最初の割れ目に力を込めるように10秒キープ。もう少し起き上がったところで同様にキープ。そして最後に起き上がるか起き上がらないかのところでキープです。起き上がるにつれ腹直筋の上部から下部へと、使われていく場所が変わっていくのがわかるでしょう。

下から起き上がるのがキツいようでしたら、左のイラストで③の、上体を起こしたポジションから逆にゆっくりと倒していくのでも構いません。基本のダイエットドローインのときにおなかを伸ばすのとは逆で、おなかに思い切り皺《しわ》を寄せていくイメージです。

腹直筋の割れをイメージしながら3段階で止めるのを基本として、「割れ」を強調したいところで止めたままテレビを見たりするのもアリです。腰に負担がかかりますから、膝を必ず立てて背中を丸めて行ってください。さらにおなかを凹ませた状態でこの筋トレを行うと、難易度は上がるものの、「腹割り」に加えて「腹やせ」効果があります。

いわゆる普通の膝立て腹筋を100回やるより、こちらを1回行うほうがずーっと効果的だと思います。ご家族に起き上がりにくいよう両肩を押さえてもらって、それに抵抗して起き上がろうとするのも楽しいかもしれません。

カキっと腹を横に割る「３段階腹筋」

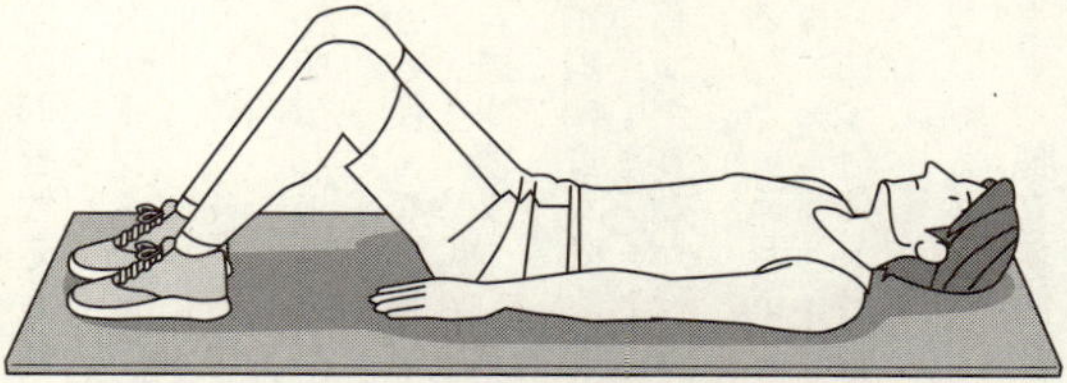

①スタートポジション。首が疲れやすい人はキープする秒数を短くしても大丈夫です。

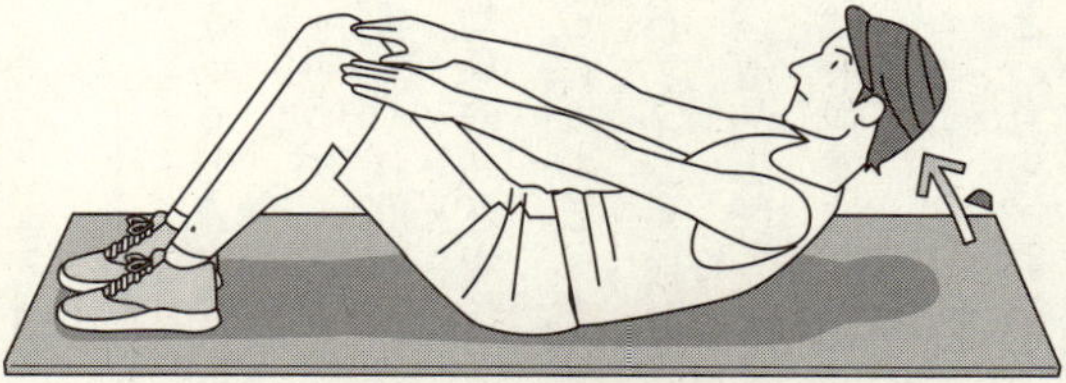

②上半身を丸めながら30度目安で持ち上げ10秒静止。さらに30度上げて10秒静止。腹筋の割れ目に力を込めます。

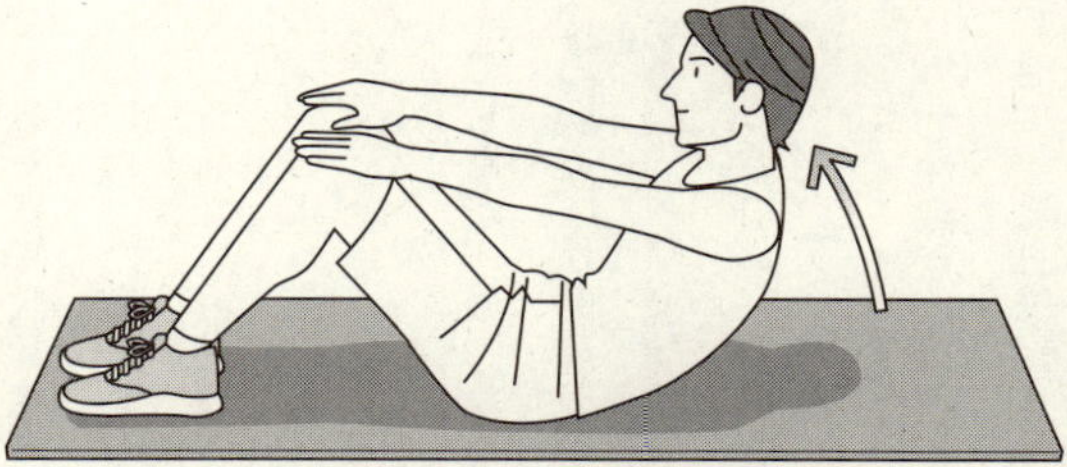

③最後は下腹に力が入る位置で10秒静止。おなかを凹ませながら行えば効果倍増ですが、無理する必要はありません。

◆1日1分でメリハリボディに

体の形を変える筋トレの3つめは、上半身をかっこよくする腕立て伏せです。

スポーツクラブに就職してトレーナーになりたての頃、男性だったら誰しも憧れるような体型の男性トレーナーがいました。厚い胸板、よく発達した肩。体操の選手の体格を少し大きくしたような感じです。その先輩が伝家《でんか》の宝刀のように教えてくれたのが「腕立て伏せをつぶれるまでやればいい」というものでした。

経験が浅かった私にはその効果の高さがピンと来ませんでしたが、後になってこれは本当によく効くとわかるようになりました。今回紹介する腕立て伏せには、おなかにしっかり効かせるためにドローインを取り入れてあります。「メリハリのある体になる」という目的に向かって、道具を使わず短時間に最大限カッコいい筋肉を上半身中心につける、という意味では最強ではないでしょうか。

ただし、やみくもに行えばいいわけではありません。やり方と注意点は以下のとおり。

まず、腕立て伏せの姿勢をとったら、おなかを意識的にきゅっと凹ませます。主に胸筋を刺激したいので、最大限までは凹ませなくても構いません。あとははずみをつ

すごい肩と胸板を作る「3段階腕立て伏せ」

①腕立て伏せの姿勢を取り、最も高い位置でドローインして5秒間静止します。

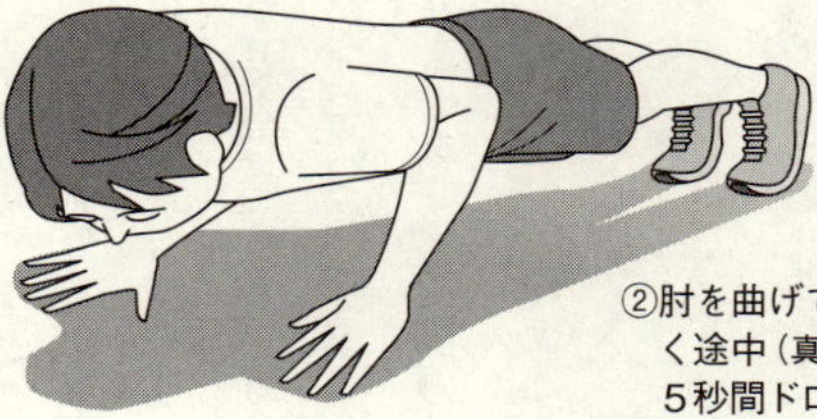

②肘を曲げて体を下げていく途中（真ん中）で止まり、5秒間ドローイン。

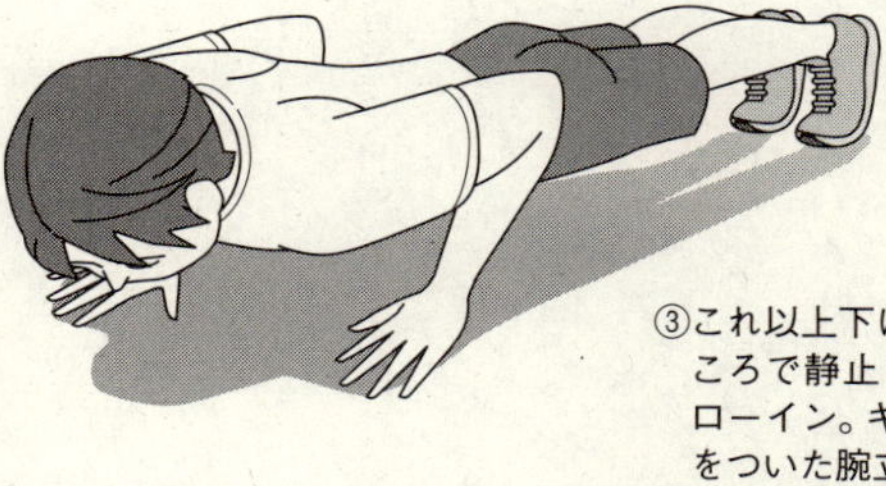

③これ以上下げられないところで静止し、5秒間ドローイン。キツい人は膝をついた腕立て伏せでも構いません。

けずゆっくりすぎるくらいのペースで、腕立て伏せをつぶれるまで、つまりできる回数まで行うだけ。

バラエティ番組で、限られた時間内に何回腕立て伏せができるか、という企画がありますが、回数だけで勝負するなら正しいやり方なんてしていられません。回数勝負か筋肉を発達させるのか、ここでもやり方は違うというわけ。

ですから、顎《あご》が出たり、体がぐにゃっとなってしまった時点で即終了しましょう。そこでキツい思いをしても意味がありません。体幹部の筋肉をしっかり使って、フロントブリッジと同じく体を一本の棒のように固定した状態で、肘だけを曲げて体を上下させます。

キツければたとえ1回でもいいのです。効いた、と感じれば、体を変えるのに必要な刺激になっています。ゆっくり正しく行えるようになったら、ゆっくり1分続けます。それもできるようになったら、スピードを上げて1分。1分でつぶれるように体を追い込むのがポイント。できるようになればなるほど、メリハリのあるボディになっていきます。

腰が弱めな方や、ここまでキツいのはちょっとね、という方は膝をついた状態で「おなかを最大限凹ませた状態での腕立て伏せ」をお試しください。

◆10秒！　デスクワーク中に活《かつ》を入れる

おなかを凹ませることに「いい感じ」に慣れてきたら、日常生活の気分転換くらいのつもりで筋トレに挑戦してみましょう。10秒でおなかに「活《かつ》」を入れます。

机に肘をついた状態で、まずは背すじを伸ばしておなかをぎゅーっと最大限凹ませます。気が乗らない日はこれだけで終わってしまっても問題ありません。気合が入ってきたら次に、机についた両肘で体重を支えながら、おなかを凹ませたまま、できるだけ上に引き上げるイメージで下半身を浮かせます。

お尻と足、両方を浮かせると息が止まりそうになりますが、止めないように。10秒行うだけで体が熱くなります。下半身を浮かせることが目的ではなく、上半身を上に持ち上げた結果、下半身が浮いてくる感じです。おなかの凹みが緩んでしまうようでしたら、お尻を軽く浮かす程度にするとか、つま先は軽くつけるなど、おなかの負荷

デスクでできるハードトレーニング

デスクに肘をついて思い切りドローインし、上半身を持ち上げます。下半身とつま先まで浮かせるとかなりハードになりますが、気分転換としてチャレンジしてみてください。

としてかけている体重を加減してください。

◆**カッコよく脚を組んで脇腹を鍛える**

次はデスクワークしながらできる方法です。

女性雑誌では「体が歪《ゆが》むから脚を組んではいけない」という教えが「歪みをとってダイエット」といった特集で常識のように載っていますが、これはある意味ナンセンス。

ヒトはそもそも「利《き》き腕」「利き足」があり、まったく左右対称ではないのが当然なのです。歪みを必要以上に問題視する必要はありません。ただ、体の使い方のクセによってアンバランスな程度が大きくならないように心掛けることは大切です。

歪みうんぬんより「明らかに食べすぎ」という女性が「私は体が歪んでいるせいでやせられない」と思い込んでいることもあります。そういう方は、歪みを除いて骨盤を小さくしてくれる整体院探しに奔走《ほんそう》したりしてしまいがち。歪んでいてもやせている方はいるし、歪んでなくても太っている方はいるのですが……。

気をつけたいのは、いつも同じほうの脚を組むクセがあったり、長時間組みっぱなしだったりという脚の組み方です。見た目にだらしのない脚の組み方は、上半身の重みを骨盤で受け止める形になり、腰への負担が大きくなります。脚を組むことそのものがいけないわけではないのです。

ここでは上半身の筋肉をバランスよく使いながら、脇腹を締める筋トレをご紹介します。いつでもどこでもできますので、ぜひお試しください。

背すじを伸ばして座った状態から脚を組んだら、おなかをぐっと凹ませながら、上になっている脚の側のお尻を少し浮かせるイメージで。実際に浮かせられるようになったら達人です。このとき気をつけたいのが、上半身をできるだけまっすぐに保つことです。難しく感じる場合は、脚を組んで上半身をまっすぐに保つだけでも構いません。慣れてきたらお尻を上げて脇腹に負荷をかけ、筋トレ効果を狙ってください。

立つ姿勢に始まって座り方、歩き方などの所作がカッコいい人は、その動作に必要な筋力を日々鍛えているといえます。鍛えるというと、とかくスポーツやジムでの運動を思い浮かべがちですが、いまからプロのスポーツ選手になるわけじゃなし。日常の生活動作や工夫で、体は充分鍛えられます。

会議中にできる脇腹トレーニング

おなかを凹ませながら、上になっている脚側のお尻を浮かすイメージで。脚の組み方一つで、脇腹に効果的な筋トレになります。

○

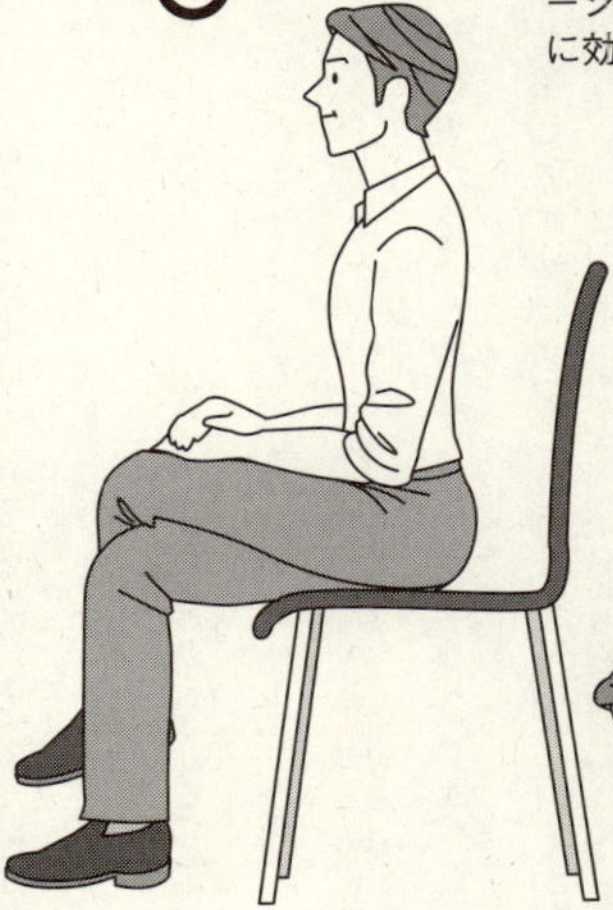

×

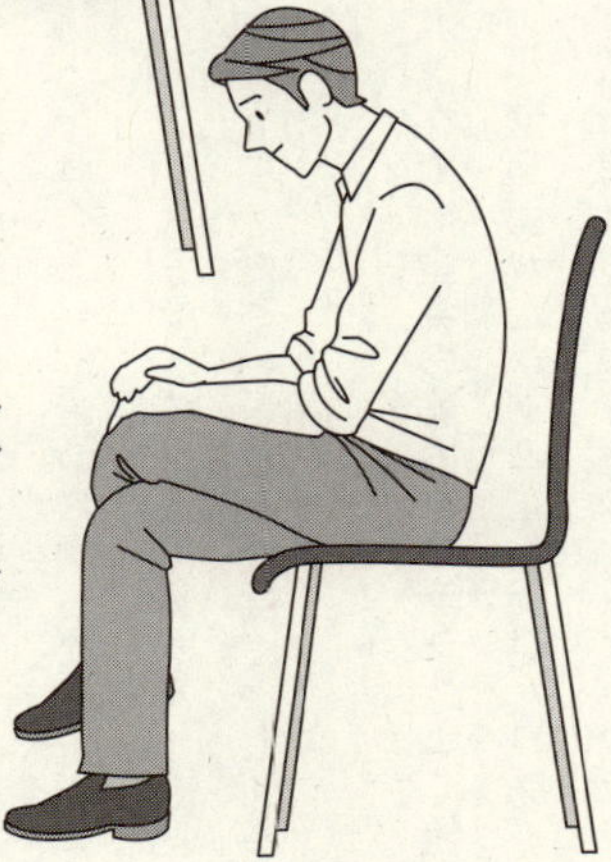

背中を丸めないようにしましょう。ドローインの効果が弱まります。

◆信号待ちは腹やせのチャンス

路上だって立派なトレーニングの場になります。

やり方はつま先立ちでダイエットドローインするだけ。信号待ちのときに踵《かかと》を上げて立つなんて勘弁！という方もおられるかもしれませんが、電車の中やエレベーターの中など、手もちぶさたに立っているような機会は結構あります。ご自分なりに実行しやすいタイミングで行ってください。踵の上げ具合も、思い切り上げるときと人から見てもまったくわからないくらいの上げ具合と、いろいろ試してみましょう。足の幅も自由でOKです。目線を高くして肩を軽く引いたら、おなかをぐっと凹ませます。力の入れ具合は行う時間によって加減してください。おなかはぐっと凹んでいても表情は涼しげに。素知らぬお顔でぜひどうぞ。

シンプルな動作ですが、このトレーニングでは全身の筋力をバランスよく使えます。大切なのはやはり姿勢。119ページの「壁を使った基本の立ち姿勢」のラインを崩さないことです。踵を大きく上げるほど若干前傾するのはやむを得ないのですが、あくまで前傾させないつもりで行いましょう。

信号待ちでできる全身バランストレーニング

背伸びするつもりで、踵を高く上げるほど効果的です。ぐらつかなくなったら体幹のバランスが取れてきた証拠。

◆電車の中でインナーマッスルを鍛える

電車の中でも体は鍛えられます。

片足立ちになって、立ち足の踵を少し上げます。立ち足でないほうの足、つまり浮かせる足はさりげなく。高く持ち上げる必要はありません。大切なのは単に踵を上げて片足を浮かせることではなく、基本の姿勢を保ちつつ、いかにおなかを凹ませるかということ。

よりインナーマッスル中心に鍛えるのに適しているのが、バランス感覚を必要とする電車の中です。が、必ず吊革を確保して行うようにしてください。私は、慣れているという油断もあり、吊革なしで行っていたら電車が思いがけず大きく揺れ、近くの座席の男性めがけて倒れこんでしまったことがあります。「やせているから足腰が弱いと思われたかも」と、思わず妙な言い訳を始めてしまうところでした。

やってみると、片足立ちで立ち足の踵を浮かせて立つのは意外に難しいと実感されるでしょう。はじめは思うようにできなくても、続けるうちに楽に上手にできるようになっていきます。ゴルフでもへたなうちは力んでしまいがちですが、慣れによって

通勤電車でできる片足バランストレーニング

揺れる電車の中でつま先立ち、さらには片足を浮かせてのドローインは手軽でありながら効果抜群。危険のないよう、必ず吊革につかまって行いましょう。

むしろ無用な力は抜けてくるといいます。それと同じでしょう。

毎日磨いている歯と、磨いていない歯ではまったく状態が違うように、体はお手入れ次第で変わります。1時間かけて磨いたから次は1週間後、ではなく、歯磨きの習慣のように日々の当たり前として取り組んでください。

◆ストレッチの本来の役割

さあ、最後はストレッチです。

「ウォーキングの前後には必ずストレッチをしましょう」と言われます。なかにはストレッチをするのがつい面倒になり、ウォーキングをやめてしまった、という年配の方までいらっしゃいました。笑い話のようですが、ウォーキング&ストレッチを面倒なものに思わせてしまったのは指導者の責任でしょう。「効果を理解できないと正しく運動できない」という鉄則は、私も常々大切にしたいと思っています。

話がおおげさになるようですが、生き物である人間にとって運動は体を「動」かして「運」ぶこと。特別な何かではありません。「歩くこと」が、「ウォーキング」とカタカナになったとたんに「準備体操をしないで行うのは危険」と決めつけるのはおかしな話なのです。

ストレッチも同じです。「体を伸ばすこと」が「ストレッチ」と名づけられたとたん、柔軟性を高めるためにやること、運動の前後にやること、と決まりごとのように言われ、面倒に思われてしまう。これは本来のストレッチの効果が理解されていないからです。

講習会でビジネスマンの方たちに「私は今日、ストレッチの講習会の講師としてここに呼ばれてきたわけですが、皆さん、そもそもストレッチはなんのために行うのでしょう？」とお聞きすると、半分くらいの方が首を傾げられます。で、真っ先に出るお答が「体を柔らかくする」とか「怪我の予防」。

私も専門学校で学ぶまで、ストレッチの効果を理解していたわけではありません。それは私が小学校から高校まで体育の授業が嫌いだったから「聞いてなかった」のかな、と思っていましたが、エリートビジネスマンも知らないとわかり、「そっか、みんな習っていないんだわ」と知りました。

本書はストレッチの本ではありませんが、ストレッチは現代の日本人の体にとって非常に重要です。アスリートなど、特殊な形で体を酷使する人たちだけのものでは決してありません。

なぜ、「体を伸ばす」といいのか。ひと言でいうと「血の巡りがよくなるから」。さらに「血の巡りがよくなると気持ちいい」からです。

長時間、会議が続いたりすると思わず「伸び」をしてしまうのは、筋肉を動かさないでいることで筋肉が凝《こ》って固くなるから。筋肉が固く凝ると、血管が筋肉に圧迫されて、血の巡りが悪くなります。そこから血の巡りがよくなると気持ちがいいと感じる理由は、酸素や栄養分が血液によって全身の各組織に運ばれるためです。本能的なものなのでしょう、猫や犬、野生の動物も「伸び」をしますが、やはりとても気持ちがよさそうです。

つまりストレッチを行う理由は「気持ちがいいから」に尽きます。気持ちがいいことには、心身の疲れをとる効果があります。ジムで運動すると体が軽くなるのは、鍛えているからというよりも血の巡りがよくなるからなのです。

仕事でも小さな問題を放置しているとなにかと後手後手《ごてごて》になり、大きな心配事に発展しやすいもの。体の疲れも同じことです。早め早めに手を打てば、マッサージなどで費やす時間も出費も小さくできます。

中国雑技団に入ろうというわけではありませんから、一般の方が痛いのを我慢してストレッチするのは間違いです。ストレッチで体を痛めてしまう方が少なくないのも、まずは知識不足、次に日々の活動不足のせいでしょう。

◆「気持ちいい」が大切

指導先でストレッチをお勧めしていると、「何秒間伸ばしていればいいのですか」という質問をよく受けます。が、気持ちいいと感じる範囲であれば、どんなストレッチでも伸ばしている時間は自由です。一般的に30秒が目安とされますが、筋トレではないのですから、30秒伸ばしておくのが精いっぱい、みたいな伸ばし方はいけません。疲れや凝りを和らげるという意味では、そのまま眠ってしまうくらいに緩めに伸ばすくらいでちょうどです。腰痛体操として紹介されているストレッチも、あくまでも気持ちのいい範囲で行いましょう。ちょっと伸ばすだけで痛みがひどい状態なら、ストレッチといえどもやってはいけません。

「腹筋を鍛えろ」とよくいわれる腰痛の改善についても、むしろ大事なのは「疲れ」を溜《た》めないことです。たとえばスポーツ選手が腰痛を起こして、「腹筋が弱いからだ」と思う人はいないでしょう。体は使ったなりに休める、この両輪が大切です。そんなことスポーツ選手は承知でしょうが、故障するまで体を酷使せざるを得ないのが彼らの厳しい現実なのかもしれません。

さて、人の体の場合、疲れが溜まるのはおなか側の前面だけでなく、むしろ首、背中、お尻、ふくらはぎなど後ろ側の筋肉です。特に要《かなめ》になるのが腰。腰の疲れを取るのにお勧めのストレッチを紹介しておきますので、ぜひどうぞ。普段の疲れを溜めず、日々できるだけ良好な心身状態でいるために、活用してください。

◆仕事中に腰の疲れを取るストレッチ

普段は意識することもあまりないでしょうが、人間の頭部はかなり重く、成人で5

職場でさりげなく腰のストレッチ

体の傾け方は自由。さりげない
動作で、仕事中でも腰の疲れを
取ることができます。

〜6kgあるそうです。長時間、同じ姿勢を続けていれば首や背中の筋肉が疲れるのは当たり前。デスクワーク中はどうしても前傾姿勢になりがちですが、それでは代謝も落ちますし、直接的に肩凝りや腰痛を引き起こすこともあります。

「そうは言っても仕事中は姿勢どころじゃ……」という方も多いかも。でも、疲れが溜まれば気力も消耗します。本書で紹介している基本の姿勢を心掛けていくと、腰や肩に負担をかけない姿勢を楽に保てるようになっていきますが、それでも疲れを感じたらこまめにストレッチしてみてください。

椅子に座ったまま、体をねじって腰から背中を伸ばします。ねじった側（背もたれ側）の手で座面を押し、もう一方で引っ張るようにします。ねじったのと反対側の首から肩、腰が気持ちよく伸びているのを感じたら、反対側も同様に伸ばしましょう。

手を使うとやりにくいようでしたら、使わなくても構いません。どんな体勢であっても、背中から腰が気持ちよく伸びればOKです。伸ばして「すごく気持ちいい」と感じるところが特に疲れています。そこがしっかり伸びるように、体の丸め方や手の位置など工夫してみてください。

◆目覚めが違う！　寝る前のストレッチ

寝る前に最もお勧めしたいストレッチもあります。布団の上で、膝を立てて左右に倒すだけの動きです。

膝を倒すときには力を入れず脱力させます。柔軟性を高めるために行うわけではないので、膝を無理に大きく倒そうとしないでください。膝を倒した方向とは反対側の腰が伸びるのを感じられるはず。同様に反対側も行ってみましょう。片方ずつ腰のストレッチを行ってみると、左右で伸びる感触が違うことがよくあります。これは筋肉の疲れ具合が左右で違うから。気持ちがよいと思う側を長めにストレッチするようにします。

足の幅は、最も気持ちのよい間隔を見つけてください。見た目はどうということのないストレッチに見えますが、おなかを凹ませることで腰を保護し、さらにこのストレッチで疲れを癒すことで、私は再発し続ける腰痛と手を切ることができました。疲れ気味のときに寝る前に行うと、次の日の疲れの残り方が違うように感じます。

私は腰痛体操で腰痛を悪化させたことがあります。本書で紹介するストレッチも含めてですが、誰が勧めようと、自分でやってみて痛みや不快な感覚があったら、その感覚を無視してがんばってはいけません。やり方を見直したり、やめておくのが得策です。

ストレッチを上手に取り入れれば、心身のコンディションを整えるのに役立ちます。体調がよくなればダイエットドローインにもより積極的に取り組めるというもの。ぜひ、凹んだおなかと元気を手に入れてください。

筋肉の疲れを持ち越さないストレッチ

あおむけになって立てた膝を、脱力させながら左右に倒すだけです。足幅を調節して、あなたのベストポジションを見つけましょう。

おわりに　さあ、体と人生を変えましょう

最後までおつき合いいただきまして、ありがとうございます。

今度こそおなかが変わる、健康診断前も憂鬱《ゆううつ》じゃなくなる、そんな手応えをつかんでいただけたなら幸いです。

おなかを凹《へこ》ませる動き＝ドローインは、プロスポーツ選手やアスリートも取り入れているメソッド。近年「体幹トレーニング」や「コアトレーニング」が人気のため、類書をご覧になったこともあるかもしれません。でも、プロスポーツ選手が行うプログラムは難しく時間もかかります。一般の方がダイエット目的で行うには実用的とはいえません。

本書ではおなかやせに特化して、誰でも、いつでもできる方法をご紹介してきました。すぐに変われる、続けられる。セミナーなどでも、そう話をすると「うん、ちょっとやってみようかな」と思っていただけるようです。

「スーツを買い替えないと、そろそろ限界か……」といった無用なストレスから解放

されれば、忙しい日々のなかにも余力が生まれることでしょう。おおげさに聞こえるかもしれませんが、おなかを凹ませてやせた方は「人生が変わった」と言ってくれます。ダイエットのストレスと腰の痛みから解放された私自身も、人生が変わった一人です。

本書では植森式ダイエットドローインの行い方や注意点などをできるだけわかりやすくまとめたつもりですが、ご不明な点がありましたら私の公式ホームページにご質問をお寄せください。同ページから受信手続きできる無料配信のメルマガのなかなどで解説させていただきます。

植森美緒

本書は2012年4月、小社から刊行された
『腹だけ痩せる技術』を文庫収録にあたり新編集したものです。

植森美緒（うえもり みお）

1965年生まれ。健康運動指導士。
10年間ダイエットに失敗し続けた日々を脱し、最大で60kgあった体重を14kg減量。自らの腰痛体験を生かして考案したダイエットドローインを実践し、ウエスト58cmの体型を20年以上維持している。

カルチャースクール、整形外科、自治体、健康保険組合、企業など、様々なステージで活動。「がんばらない」をモットーに、オリジナリティあふれる健康づくりセミナーを行っている。植森式ダイエットドローインは、その効果の高さが注目を浴び、数多くの雑誌やテレビで紹介される。現在、メタボ改善のための実践的な方法として数多くの健康保険組合が取り入れている。

『腹だけ痩せる技術』（KADOKAWA）を筆頭に、ベストセラーも多数。著書に『美へそダイエット』『30秒ドローイン！ 腹を凹ます最強メソッド』（ともに高橋書店）、『世界一簡単なくびれの作り方』（PHP研究所）、『大人のお腹やせ』（宝島社）、『世界一カンタンな疲れのとり方』（幻冬舎）など

公式HP　http://www.mio-u.net/

中経の文庫

腹だけやせる技術

2016年4月15日　第1刷発行

著者　植森美緒（うえもり みお）
発行者　川金正法
発行　株式会社KADOKAWA
〒102-8177 東京都千代田区富士見2-13-3
0570-002-301（カスタマーサポート・ナビダイヤル）
受付時間 9:00～17:00（土日 祝日 年末年始を除く）
http://www.kadokawa.co.jp/

DTP 株式会社木蔭屋　印刷・製本 暁印刷

落丁・乱丁本はご面倒でも、下記KADOKAWA読者係にお送りください。

送料は小社負担でお取り替えいたします。

古書店で購入したものについては、お取り替えできません。

電話049-259-1100（9:00～17:00／土日、祝日、年末年始を除く）

〒354-0041 埼玉県入間郡三芳町藤久保550-1

ISBN978-4-04-601627-0　C0147